CONNAISSANCE DE L'ÂME

Collection **Ouverture philosophique**
dirigée par Dominique Chateau et Bruno Péquignot

Une collection d'ouvrages qui se propose d'accueillir des travaux originaux sans exclusive d'écoles ou de thématiques.
Il s'agit de favoriser la confrontation de recherches et des réflexions qu'elles soient le fait de philosophes "professionnels" ou non. On n'y confondra donc pas la philosophie avec une discipline académique ; elle est réputée être le fait de tous ceux qu'habite la passion de penser, qu'ils soient professeurs de philosophie, spécialistes des sciences humaines, sociales ou naturelles, ou... polisseurs de verres de lunettes astronomiques.

Dernières parutions

Philippe RIVIALE, *Passion d'argent, raison spéculative,* 2000.
Gildas RICHARD, *Nature et formes du don,* 2000.
Dominique CHATEAU, *Qu'est-ce que l'art ?,* 2000.
Dominique CHATEAU, *Epistémologie de l'esthétique,* 2000.
Dominique CHATEAU, *La philosophie de l'art, fondation et fondements,* 2000.
Jean WALCH, *Le Temps et la Durée,* 2000.
Michel COVIN, *L'homme de la rue. Essai sur la poétique baudelairienne,* 2000.
Tudor VIANU, *L'esthétique,* 2000.
Didier MOULINIER, *Dictionnaire de l'amitié,* 2000.
Alice PECHRIGGL, *Corps transfigurés,* tome I, 2000.
Alice PECHRIGGL, *Corps transfigurés,* tome II, 2000.
Michel FATTAL, *Logos, pensée et vérité dans la philosophie grecque,* 2001.
Eric PUISAIS (sous la direction de), *Léger-Marie Deschamps, un philosophe entre Lumières et oubli,* 2001.
Elodie MAILLIET, *Kant entre désespoir et espérance,* 2001.

Ostad ELAHI

CONNAISSANCE DE L'ÂME

Traduit du persan et annoté par Clara Deville

L'Harmattan	**L'Harmattan Inc.**	**L'Harmattan Hongrie**	**L'Harmattan Italia**
5-7, rue de l'École Polytechnique	55, rue Saint-Jacques	Hargita u. 3	Via Bava, 37
75005 Paris	Montréal (Qc)	1026 Budapest	10214 Torino
FRANCE	CANADA H2Y 1K9	HONGRIE	ITALIE

© L'Harmattan, 2001
ISBN : 2-7475-0452-2

Sommaire

Remerciements 15

Avant-Propos 17

Préface du traducteur 21

Notes sur la traduction et la présentation 31

Introduction 33
- Louanges à Dieu, inspirées par la sourate de la Louange (Coran, I) 33
- Raisons qui ont présidé à la composition de *Connaissance de l'âme* et méthode adoptée 33
- Connaître l'âme suppose de : connaître le Créateur de l'âme, définir la nature de l'âme, établir l'immortalité de l'âme et sa Résurrection 35

Chapitre Premier

Démonstration de l'existence de l'Artisan divin 39
   Premier argument 39
- Le nécessaire par soi, le nécessaire par un autre, le nécessaire par rapport à un autre 40

- L'impossible par soi, l'impossible par un autre, l'impossible par rapport à un autre 41
- Le possible par soi 42
- Le possible par rapport à un autre n'a pas de sens 43
- Un cercle vicieux ou un enchaînement sans fin répugnent tous deux à la raison : il existe donc une Cause Première, Être nécessaire par essence, qui a toujours été et tout ce qui existe procède de l'émanation issue de l'effusion de sa munificence selon les lois de la causalité 45

Deuxième argument 47
- L'ordonnancement qui régit toutes les réalités créaturelles et les exigences requises par les dispositions naturelles des existants 47
- La nécessité de remonter à la cause à partir de l'effet (tradition rapportée par l'Imâm `Ali et quelques versets du Coran, S88) 48

Troisième Argument 49
Réfutation par l'absurde de l'opinion des partisans de l'éternité du monde et des physiologues 49
- Premièrement : aucune nature ne peut être son propre principe existentiateur 49
- Deuxièmement : deux natures ou plus ne peuvent être conjointement dans un rapport de causalité réciproque 49
- Troisièmement :
  - Si toutes les natures se succédaient indéfiniment, chacune étant la cause de celle qui lui est inférieure, cela aboutirait à un enchaînement sans fin 49
  - Ce qui est exact, c'est que la nature relative déterminante s'origine en l'être du Principe nécessaire par soi [et elle est ordonnée selon les catégories suivantes] : l'existence naturelle ordonnée, l'existence naturelle non-ordonnée, l'existence artificielle ordonnée et l'existence artificielle non-ordonnée 50

Quatrième argument 51
L'impuissance des créatures face à certaines réalités qui les concernent et aux événements surnaturels 51

Cinquième argument 51
La pré-éternité et l'advenue des choses à l'être 51

- « Le monde est soumis à l'altération… » et « Le corps est composé… » 51
- Raisonnement d'Abraham dans le Coran au sujet de la pré-éternité et de l'advenue à l'être 52
- Tradition remontant à l'Imâm Rezâ au sujet de la pré-éternité et de l'advenue à l'être 53
- Idem 54
- Poème composé par Sheykh Amir au sujet de la pré-éternité et l'advenue à l'être 55

CHAPITRE DEUXIÈME

DE L'ÂME 59
Première partie : définition de l'âme ou intellect céleste 59
Deuxième partie : genèse de l'âme 60
- Quelques citations coraniques 60
- Quelques traditions remontant à : 61
    1. l'Imâm Sâdeq 61
    2. Idem 61
    3. Idem 61
    4. l'Imâm Bâqer 62
Troisième partie : démonstration de l'immortalité de l'âme 62
1. Arguments de raison 63
2. Arguments de tradition 64

CHAPITRE TROISIÈME

LA RÉSURRECTION ET LE RETOUR AU LIEU DU RETOUR ÉTERNEL 69
- Définition des mots 69
- Les quatre principes sur lesquels repose la compréhension de la Résurrection 70
- Chacun de ces quatre principes repose sur l'une des quatre modalités causales : cause efficiente, cause matérielle, cause formelle ou cause finale 70
- Sens des quatre principes 71

1. Les existants, tirés du non-être par l'effusion de la grâce de l'Être nécessaire, viennent à l'existence par l'intermédiaire des causes et des effets 71

2. La finalité de l'existentiation des existants 71

3. Le devoir de chaque existant 72

4. Où les existants doivent-ils aller ? 72

- La connaissance de l'étant et du mouvement transsubstantiel ... 72

- Les diverses opinions concernant la Résurrection 75

CHAPITRE QUATRIÈME

LA RÉSURRECTION PUREMENT CORPORELLE 79

- Exposé de l'opinion et des arguments des tenants de la résurrection purement corporelle, parole de l'Imâm Sâdeq et liste des citations coraniques traitant de cette question 79

- L'opinion du premier groupe parmi les tenants de la résurrection purement corporelle 81

- L'opinion du deuxième groupe parmi les tenants de la résurrection purement corporelle 82

CHAPITRE CINQUIÈME

LA RÉSURRECTION PUREMENT SPIRITUELLE 87

- Exposé de l'opinion et des arguments des tenants de la résurrection purement spirituelle, citation extraite du *Bahâr al-anvâr* et quelques arguments tirés du Coran 87

- Première catégorie : les « sensations vitales universelles » 89

- Deuxième catégorie : les « sensations spirituelles individuelles » ... 90

- Le monde spirituel est semblable à un miroir 91

- Les tenants de la résurrection corporelle ne considèrent pas les tenants de la résurrection spirituelle comme des mécréants ... 91

CHAPITRE SIXIÈME

RÉSURRECTION CORPORELLE ET RÉSURRECTION SPIRITUELLE : HARMONISATION 95
- Exposé de l'opinion et des arguments des tenants de l'harmonisation entre la résurrection purement corporelle et la résurrection purement spirituelle 95

CHAPITRE SEPTIÈME

LA QUESTION DE LA RÉSURRECTION SELON LA DOCTRINE DU PERFECTIONNEMENT 101
- Généralités 101
  - Bref exposé de l'opinion des tenants du perfectionnement 101
  - Le mot « Résurrection » renvoie au perfectionnement 102
  - Le corps « éthérique » 102
  - Le pourquoi des différences originelles dans le degré de proximité de chaque existant par rapport à la source : 102
    - Premier point de vue : antériorité et postériorité temporelles et spatiales 103
    - Deuxième point de vue : l'arc de la descente du point le plus haut au point le plus bas 104
  - Le cycle du perfectionnement et le but ultime sont les mêmes pour toutes les créatures 105
  - Les existants primordiaux, de l'inférieur au supérieur, se présentent sur différents niveaux : 105
    1. Les êtres « non doués de sensibilité » 105
    2. Les êtres « possédant une âme non douée de discernement » 106
    3. Les êtres « possédant une âme douée de discernement » 106
  - Pour les existants, la notion d'« éternité » renvoie à une éternité relative 107
- Les quatre modalités de la Résurrection selon la doctrine du perfectionnement : 107

- Première modalité : le perfectionnement par transposition (*edkhâlî*), du monde terrestre au monde intermédiaire 108
  - Le monde intermédiaire 109
  - Le monde intermédiaire est aussi appelé monde imaginal 110
  - Arguments de tradition (tirés du Coran, des paroles de l'Imâm Sâdeq et de *Majma`al-Bahreyn*) qui confirment l'existence du monde intermédiaire 111
- Deuxième modalité : le perfectionnement par jonction (*ettesâlî*), du monde intermédiaire au monde terrestre 112
- Troisième modalité : le perfectionnement par accumulation (*emtezâjî*), par la voie de l'arc ascendant 113
  - Premièrement : le mouvement transsubstantiel ascendant continu 113
  - Deuxièmement : le parcours ascensionnel relève du mouvement rotatoire continu. Question de Komeyl à l'Imâm `Ali au sujet des « quatre soi » 114
  - Troisièmement : lorsque la mort anéantit la matière vitale et la corporalité de chacun des êtres appartenant aux règnes minéral, végétal ou animal, ils se dissolvent dans la matière minérale constitutive de la planète Terre 116
- Quatrième modalité : le perfectionnement par union (*ettehâdî*), par la voie de l'arc ascendant et de l'arc descendant 117
  - L'âme comme « émanation » et comme « souffle » 117
  - Les humains « âme-terre et corps-terre » 117
  - Quand l'âme est-elle insufflée dans le corps et s'unit-elle à lui ? Versets coraniques 118
  - Pour que l'âme puisse accomplir sa perfection, mille et une étapes spirituelles ont été fixées 118
  - Le processus du perfectionnement par union n'est pas la métempsycose 119
  - Autres détails concernant le perfectionnement par union 119
  1. Le délai maximum imparti pour franchir les étapes menant à la perfection est de 50000 ans 119

2. Chaque vie dure en moyenne cinquante ans 119
3. Si une vie dure plus longtemps, la vie suivante sera
moins longue 119
4. Les 50000 ans correspondent à 1000 habits 119
5. Le nouveau-né doit vivre plus de 40 jours pour que
cela lui soit compté comme une vie 120
6. Si une âme se manifeste sous d'autres formes que celle
du corps humain, ce temps ne sera pas compris dans
la durée du perfectionnement 120
7. Si une âme n'arrive pas à parcourir les mille étapes
spirituelles du perfectionnement dans le délai des 50000 ans,
elle sera éternellement privée de la grâce de la perfection
et entrera au Paradis ou dans l'Enfer éternels.
Deux versets coraniques 120
8. Chaque fois que l'âme quitte une dépouille mortelle,
celle-ci disparaît, alors que l'âme est transférée pour
une durée provisoire dans le monde intermédiaire 121
9. La durée du séjour des âmes dans le monde
intermédiaire n'est pas le même pour tous 121
10. Le « revêtement d'habits successifs » ou « passage
de manifestation en manifestation » 121
11. Les créatures terrestres se répartissent en trois
catégories : les mâles et femelles véritables et
les indéterminés 121
12. Si, à la suite d'une rétrogradation, une âme
humaine est reliée à un animal, cela sera nécessairement
un animal doué d'une certaine intelligence 122
13. L'âme apparaissante (*ruh-e boruziyye*) et l'âme
apparaissant sous forme imaginale (*tamassoliye*).
Verset coranique 122
14. Les inégalités dans la vie des créatures dépendent
des actions passées, présentes et futures 122
15. Pourquoi on oublie ses vies antérieures ? 123
Argument 1 : L'opacité sécrétée par la matérialité du
corps et par les désirs du soi 123

Argument 2 : Si le voile de l'oubli ne s'interposait pas entre les événements des vies précédentes et ceux des vies suivantes, cela serait comme une seule vie et il n'y aurait plus d'ultime avertissement 124

Argument 3 : Si on n'oubliait pas ses expériences antérieures, cela serait au détriment de l'ordre social 124

Les trois exceptions à la règle de l'oubli :

Exception 1 : Les nouveau-nés jusqu'à 40 jours ou un peu plus 125

Exception 2 : Lorsqu'une âme humaine est reliée à un animal 125

Exception 3 : Ceux qui ont accompli des actes remarquables qui se sont affranchis des attaches de ce monde et maîtrisé les désirs du soi 126

Remarques : La question de la rétribution des actes bons ou mauvais 126

- Premièrement : La réaction dans le monde matériel et la rétribution spirituelle 126

- Deuxièmement : Un bon acte est rétribué à hauteur de dix fois sa valeur alors que les mauvais actes ne sont comptés qu'une seule fois. Verset coranique 127

- Troisièmement : La qualité et la quantité des plaisirs et des peines véritables lors de la résurrection éternelle ne sont pas concevables 127

- Quatrièmement : Le châtiment éternel dans l'au-delà ne s'applique qu'aux âmes qui ont reçu l'ultime avertissement dans le monde terrestre 128

CHAPITRE HUITIÈME

LES DOCTRINES DE LA TRANSMIGRATION DE L'ÂME 131

- Les multiples branches des doctrines de la transmigration (*mansûkhites, masûkhites, fasûkhites, rasûkhites* et *so`ûdites*) 132
- Réfutation des opinions transmigrationnistes 133

Conclusion 141

Appendices 143

Bibliographie 153

Remerciements

• Je voudrais remercier chaleureusement le professeur Bahram Elahi pour m'avoir donné libre accès au manuscrit de *Ma`refat al-Ruh* et au catalogue de la bibliothèque d'Ostad Elahi, ainsi que pour ses explications et éclaircissements concernant certains points obscurs ou délicats.

• Toute ma reconnaissance va au professeur James W. Morris pour son aide précieuse dans la mise au point des notes explicatives concernant la philosophie islamique en général et la pensée de Mollâ Sadrâ en particulier.

• Un grand remerciement aussi à Christian Jambet qui a largement contribué à la traduction du chapitre 1.

• Je remercie également le professeur Pierre Lory pour avoir relu la traduction, pour ses corrections judicieuses et ses précieux conseils.

• Merci aussi au professeur Amir Moezzi pour ses indications bibliographiques complètes, et de manière générale à tous ceux qui ont peu ou prou contribué à mener à bien ce travail.

Avant-Propos

Le public français a depuis longtemps été habitué à entendre parler de « l'Islam » au singulier comme s'il s'agissait d'une religion et d'une civilisation une et monolithique. Cette simplification, entretenue par facilité par les médias et renforcée par le discours des courants musulmans cherchant à identifier leur propre tendance à l'essence de l'Islam, doit être rectifiée ici. Depuis les origines – plus précisément depuis le décès du prophète Muhammad en 632 – les musulmans se sont trouvés placés dans une « situation interprétative ». Dépositaires d'un texte sacré – le Coran – en l'absence d'une instance ecclésiale, d'un magistère venant assumer d'autorité le dogme, c'est à la Communauté et à ses membres qu'est revenue l'obligation d'interpréter la parole divine. D'où le jaillissement d'une pluralité doctrinale, d'une efflorescence magnifique à l'époque que l'on a qualifiée d'« âge d'or » (IXe - XIIe siècles environ). Se développèrent alors les interprétations littéralistes fondées sur le seul sens obvie du Coran et sur la mémoire des enseignements de Muhammad ; d'autres, plus théologiques, accordaient à la raison humaine une place positive ; des courants d'orientation gnostiques et ésotériques virent très tôt le jour et se diffusèrent également, notamment dans les milieux chiites, puis sunnites soufis. Et souvent, ces diverses perspectives venaient se superposer et se compléter l'une l'autre. C'est le cas de la tradition chiite située à la confluence de l'enseignement ésotérique des Imâms, de l'effort d'interprétation théologique, et de la philosophie d'origine hellénique ; elle se maintient au cours des siècles en particulier en Iran où elle reste vivace jusqu'à nos jours. L'essai de maître Elahi publié ici représente un bon exemple de cette démarche fondée à la fois sur le raisonnement philosophique et théologique (le `aql) d'une part, sur les données de l'exégèse coranique et sur les enseignements des Imâms (le naql) d'autre part.

Le thème de l'ouvrage de maître Elahi représentait en lui-même quelque chose comme un défi. L'esprit (ou « âme », en arabe : al-rûh) semble en effet parmi les domaines les plus cachés, les plus incompréhensibles à l'homme. Coupant court à des questionnements sur la nature de l'esprit adressés au prophète Muhammad, le Coran le désigne comme un objet pratiquement inconnaissable : « Ils t'interrogent à propos de l'esprit. Dis : l'esprit vient de l'ordre de mon Seigneur et il ne vous a été donné que peu de science » (XV, 85). La question ne pouvait néanmoins pas être complètement éludée notamment en raison de ses rapports avec l'eschatologie. Rendre compte de la survie des âmes après la mort physique, de la résurrection des hommes au Jour du Jugement, de la justice divine en cette circonstance implique une clarification quant à la nature et la fonction de ce *ruh*. Dès le vivant de Muhammad d'ailleurs, les sceptiques à l'égard de l'idée de résurrection étaient nombreux : « Ils disent : il n'existe que notre vie d'ici-bas. Nous mourons, nous vivons, seul le destin nous fait périr » (XLV, 24). Durant les siècles suivants, la théologie dut s'engager dans le débat : que devient la personne entre son décès physique et la Résurrection ? Qu'est-ce qui ressuscite en elle ? Choisit-elle réellement les actes qui la rendent bienheureuse ou damnée ? Ce sont ces points délicats que Nur `Ali Elahi a choisi de traiter dans ce texte. Nous laissons au lecteur le soin de découvrir toute la subtilité de son argumentation, notamment dans l'exposé des diverses conceptions de la survie *post mortem*. Il y expose les différentes doctrines concernant les modalités de la résurrection – purement corporelle, ou purement spirituelle – et les difficultés impliquées dans chaque cas. L'option qu'il finit par adopter (chap. 7), qui évoque la pensée de Mollâ Sadrâ, est cependant très originale par rapport au cadre islamique traditionnel. A chaque âme est due une pluralité d'opportunités de perfectionnement, engageant non seulement la vie terrestre, mais aussi les séjours dans l'intermonde ou *barzakh*. Cette notion de *barzakh* – monde où vivent et évoluent des êtres dotés de formes corporelles, dans une temporalité et un espace particuliers – est partagée par la plupart des musulmans, y compris les littéralistes sunnites, mais ils n'y voient généralement qu'une phase temporaire précédant la Résurrection finale. L'ascension progressive des âmes au cours des différentes étapes matérielles et imaginales (l'adjectif proposé par H. Corbin pour désigner la dimension de ce *barzakh*) des vies permet selon maître Elahi le travail alchimique qui mènera l'individu jusqu'à sa propre perfection. Elle préserve l'idée de la parfaite justice de Dieu, qui ne condamne pas une personne sur le jugement d'un seul destin qu'elle n'aurait pas déterminé et guidé elle-même. Mais cette pluralité des vies due à une âme unique est nettement distinguée de la théorie réincarnationiste, réfutée plus loin (chap. 8).

Toute cette mise en lumière a été rendue possible grâce au travail patient et rigoureux de la traductrice et présentatrice de l'ouvrage. Travail quant au fond bien sûr mais aussi sur la langue et ses contraintes. Une langue ne se réduit jamais à un simple code même dans des passages rigoureusement philosophiques. Elle véhicule également un souffle et une poésie. Il revient à Mme Clara Deville d'avoir su mettre sa double compétence linguistique et sa double sensibilité au service d'un travail d'« horlogerie » auquel elle a ajouté, c'était de circonstance, un supplément d'« âme ».

Pierre Lory

Préface du traducteur

Voici un opuscule philosophique pour le moins dépaysant : par ses références qui n'appartiennent pas à la tradition occidentale mais surtout par son style qui ressuscite, en plein XXᵉ siècle, la forme ancienne de la *disputatio* scolastique que la philosophie occidentale a abandonnée depuis longtemps déjà en se détachant de la théologie. Il traite pourtant, comme l'indique le titre, d'un sujet essentiel puisqu'il y est question de la « connaissance de l'âme ». Ce titre est en lui-même problématique car la tradition cartésienne et toutes les pensées du *sujet* qui en découlent ne nous ont pas accoutumés à penser l'âme comme un possible *objet* de connaissance. Voilà donc un philosophe et mystique persan qui retourne la situation, qui nous fait remonter en deçà de la position d'un sujet face au monde qu'il se représente, et qui du même coup, prend le contre-pied de cette habitude mentale qui nous impose de penser l'âme dans le cadre d'une dichotomie entre matière et esprit, d'une opposition entre considérations spirituelles et démarche rationnelle. Il s'agit donc d'opérer un changement de point de vue, d'entrer dans un discours qui projette le lecteur dans un véritable réalisme spirituel. Or la pensée contemporaine est étrangère à ce type de réalisme qui, paradoxalement, n'est même souvent plus de mise dans la réflexion religieuse. Loin de faire table rase des données théologiques propres aux traditions du Livre, Ostad Elahi[1]

---

[1] On a opté pour cette graphie du nom (strictement Ostâd Elâhi) car elle est désormais devenue la graphie consacrée.

propose de les interroger de manière radicale et de les confronter aux exigences de la rationalité, quitte à en donner une interprétation qui paraîtra pour le moins hétérodoxe à bien des théologiens.

Mais ce petit livre atypique n'est pas une œuvre isolée, il s'inscrit dans une pensée et dans une œuvre dont il expose clairement les fondations. C'est pourquoi, avant d'entrer dans une analyse plus détaillée du présent ouvrage, il n'est pas inutile de faire un détour par le contexte intellectuel et spirituel qui a mené à sa conception.

1. L'AUTEUR DE *CONNAISSANCE DE L'ÂME*

Au regard du projet qui fut le sien, « arracher l'homme aux ténèbres du quotidien pour l'élever à la lumière divine »[2], concevoir et proposer une doctrine spirituelle à la fois adaptée à la nature de l'homme et en harmonie avec la tradition spirituelle, nous savons peu de choses sur ce que fut la vie de Nur `Ali Elahi (1895-1974), connu plus tard sous le nom de Ostad Elahi. Cela ne signifie pas que nous ne disposons pas d'informations sur le déroulement de son existence puisque nous en connaissons les dates essentielles et un grand nombre d'anecdotes rapportées par lui-même et par ses proches. Si la courbe d'une vie pouvait se réduire à des données biographiques, celle-ci pourrait se résumer ainsi :

Il est né à Jeyhun Âbâd, petit village du Kurdistan iranien, au sein de la tradition spirituelle des *Ahl-e Haqq*[3] ; son père était un grand mystique charismatique qui avait mis en vers les données cosmologiques, mythologiques et historiques de cette tradition. Dès l'âge de neuf ans, sous la férule de son père, Nur `Ali fit

---

2. André Chouraqui, « De l'unité des Religions », *Le Spirituel, Pluralité et Unité*, Paris : Cahiers d'anthropologie religieuse, Presses de l'Université de Paris-Sorbonne, 1995, p. 28 : « Le nom d' 'Ostad Elahi' signifie littéralement le 'maître divin', ce que je traduirais plutôt par 'le maître du divin'. Et ce qu'il a été, pour le peu que nous en sachions, témoigne de cette intention réelle d'arracher l'homme aux ténèbres du quotidien pour l'élever à la lumière divine ».
3. Ordre mystique remontant au XIVe siècle ; voir infra.

l'expérience de ce que l'on pourrait appeler « la mystique traditionnelle ». Ses années de jeunesse, telles qu'il les décrit lui-même se déroulèrent dans une atmosphère d'euphorie spirituelle. Entouré de l'affection familiale, partagé entre l'ascèse et la méditation, la musique et l'étude, il grandit à l'abri du monde. Il quitta pourtant ce mode de vie afin de mettre à l'épreuve du monde ses connaissances et son expérience spirituelle. Il lui est en effet apparu que les mutations sociales et intellectuelles des temps modernes appelaient une nouvelle forme de spiritualité, mieux adaptée à la nature de l'homme et qui ne soit plus réservée à une élite. Convaincu que sans la confrontation avec la société, l'homme ne peut accomplir le but pour lequel il a été créé (c'est-à-dire la perfection), il devint lui-même magistrat et fonda une famille. Cette expérience devait nourrir en profondeur sa pensée et lui inspirer la doctrine du perfectionnement[4].

A partir de 1957, après avoir pris sa retraite, il se consacra presque entièrement à l'élaboration et à l'enseignement de cette doctrine, à travers des écrits (*Théorème de Vérité*[5], publié en 1963 et *Connaissance de l'âme*[6], publié en 1969), mais aussi à travers un enseignement oral dispensé à quelques proches et dont deux recueils ont été à ce jour publiés[7]. En tant que maître de *tanbur* (luth sacré)[8], il associait à son enseignement oral l'audition musicale qu'il considérait comme un mode d'accès à des expériences spirituelles.

Voilà donc quelques éléments biographiques qui permettent de retracer de l'extérieur un cheminement et d'indiquer les moments successifs d'une œuvre.

---

4. Dans les deux recueils de notes prises par son entourage (voir note 7) il raconte un grand nombre d'anecdotes sur cette période de sa vie et sur les expériences spirituelles et morales qui lui ont été données de vivre en tant que magistrat.
5. *Borhân al-Haqq* [13]. Les références données ici se réfèrent à la 5ᵉ éd., 1981.
6. *Ma`refat al-Ruh* [14].
7. Sous le titre *Âsâr al-Haqq* 1 et 2 [15] (littéralement *Traces de Vérité*). Une très petite partie de ces textes a été traduite en français à l'occasion de la célébration du centenaire de la naissance d'Ostad Elahi : *100 Maximes de Guidance* [17] et *Confidences, Prières d'Ostad Elahi* [16].
8. Voir Jean During, Musique et Mystique dans les traditions de l'Iran, Paris : 1991.

2. L'œuvre d'Ostad Elahi

Mais pour comprendre la genèse de cette pensée aux facettes multiples, tantôt d'une complexité extrême et tantôt d'une simplicité limpide, pour saisir l'œuvre non plus comme une suite d'instants mais comme un projet global qui se propose d'établir les fondements de « la doctrine du perfectionnement » et d'en exposer les modalités, il est nécessaire d'entreprendre un travail herméneutique sur les éléments biographiques. L'originalité biographique, à savoir le passage d'une vie retirée et contemplative à une vie active au sein de la société, est comme le symbole d'un des traits les plus caractéristiques de la pensée d'Ostad Elahi. La doctrine du perfectionnement se fonde certes sur une tradition religieuse et mystique, mais elle relève aussi et surtout d'une pensée adaptée à la nature humaine et aux temps modernes. Ostad Elahi a élaboré une spiritualité que l'on peut qualifier de « naturelle », parce qu'elle prend en compte et assume la nature sociale de l'être humain mais aussi parce qu'elle réconcilie de ce fait la quête spirituelle (à savoir la réalisation de la finalité de l'âme) et les exigences de la vie moderne.

L'analyse de la vie comme de l'œuvre montre un souci constant de cohérence et d'équilibre, équilibre conçu non pas comme un état de paix statique mais comme une dynamique sans cesse renouvelée par la connaissance de soi. Car pour Ostad Elahi, de la véritable nature du soi dépend le délicat dosage entre les différentes composantes de l'être humain, entre la dimension matérielle et la dimension spirituelle, l'âme et le corps, ce monde et l'autre, les droits du soi, des autres, de Dieu. Chaque chose ici a sa place et occupe une fonction. A ce titre, chaque chose mérite et même exige le respect.

Ce souci de cohérence est un élément fondamental de la réflexion métaphysique et éthique d'Ostad Elahi ; il est aussi l'une des caractéristiques majeures de son œuvre. Ainsi, dans le commentaire de l'épopée mystique écrite par son père[9], il expose

---

9. Le titre de cette épopée mystique est *Shâhnâme-ye Haqiqat* (*Le Livre des Rois selon la Vérité*) et le commentaire, intitulé *Hâshiye bar Haqq al-Haqâyeq* [12], a été publié par

et résout en termes rationnels quelques difficultés propres à ce type de récits : les problèmes liés aux distorsions spatio-temporelles, la question de l'historicité des événements relatés et de manière générale, les divers paradoxes auxquels aboutit quelquefois la narration ainsi que la question des sources.

Dans *Borhân al-Haqq* (*Théorème de Vérité*), publié en 1963 et maintes fois réédité depuis, Ostad Elahi revient de manière systématique, dans une perspective de rationalisation, sur la tradition mystique dans laquelle il est né, celle des *Ahl-e Haqq* ou « Fervents de Vérité », dont son père avait relaté l'histoire sous forme poétique. Bien que fort répandu au Kurdistan, l'ordre des *Ahl-e Haqq* (fondé au XIVe siècle par Soltân Es-hâq) fut pendant longtemps un ordre secret dont le mode de transmission était essentiellement oral. En rassemblant et en étudiant le plus grand nombre de manuscrits possible[10], Ostad Elahi entreprit d'en exposer les aspects historiques, doctrinaux et rituels et ainsi de susciter le débat[11]. *Théorème de Vérité* répond en fait à une triple exigence qui renvoie à ce souci de cohérence évoqué plus haut : proposer la synthèse critique d'une tradition éclatée dont les éléments fondateurs ont été altérés ou perdus au cours des transmissions successives et en raison de l'ignorance générale de ses adeptes, montrer la concordance des principes *Ahl-e Haqq* avec les principes coraniques, enfin et surtout indiquer, au-delà des aspects rituels, les possibilités opératoires de cette doctrine ainsi reformulée, tant sur un plan spéculatif que sur un plan pratique. L'esprit dans lequel l'ouvrage a été composé témoigne en effet d'un désir de retourner aux sources, de dégager, par-delà la confusion des questions d'ordre rituel, l'intuition spirituelle du fondateur de l'ordre[12]. L'analyse des textes conduit ainsi Ostad

---

Henry Corbin en appendice à son édition du *Shâhnâme-ye Haqiqat*, Paris et Téhéran : 1966.
10. Parmi les 72 manuscrits recensés, trois sont considérés comme des manuscrits de référence dont deux (les plus anciens) se trouvent dans la bibliothèque personnelle d'Ostad Elahi, préservée jusqu'à ce jour par sa famille.
11. D'où d'ailleurs le plan de *Théorème de Vérité* : la première partie est un exposé théorique et la deuxième, une suite de « questions-réponses ».
12. Il faut préciser ici que Soltân Es-hâq a en effet énoncé des principes purement spirituels et que les aspects rituels ne sont venus que plus tard. Cependant, les orientalistes qui se

Elahi à mettre en lumière les grands principes de la doctrine originelle des *Ahl-e Haqq*.

C'est cependant dans *Âsâr al-Haqq* (litt. *Traces de Vérité*), recueil des dialogues d'Ostad Elahi avec ses proches, que cette pensée vive se déploie dans toute son ampleur et sa diversité. Là, gnose et métaphysique apparaissent plus que jamais inscrites dans la trame de la vie quotidienne, dans les décisions de tous les jours. De l'alimentation à la prière, des anecdotes de chaque jour aux récits mystiques, de l'ordre dans la maison à l'harmonie universelle, du passé, du présent, du futur à la pré-éternité et à l'éternité, du monde tel qu'il est au monde tel qu'il devrait être, des petits riens qui composent l'existence aux questions philosophiques les plus ardues, tous les sujets sont abordés avec la liberté et le charme qu'autorise le style oral. Ici encore, est à l'œuvre une profonde cohérence : cohérence entre théorie et pratique, entre tradition et modernité, vie matérielle et vie spirituelle, espace public et espace privé, cohérence enfin de tout l'univers créé dont la « clé de voûte » est, selon les mots de l'auteur, « le respect des droits ». Pour Ostad Elahi, la notion de « droit » est centrale puisqu'elle est comme la modalité pratique de la « cohérence » ontologique qui maintient le monde. Et ce n'est pas un hasard si le mot *Haqq* est repris comme un leitmotiv dans toutes les œuvres évoquées ci-dessus. Nous l'avons traduit par « vérité », ce qui est l'un des sens du mot qui signifie tout autant « droit » mais aussi « justice » dans le sens platonicien du terme. Ce concept est au cœur de la pensée d'Ostad Elahi. Pour lui, on ne peut accéder à la vérité, c'est-à-dire à une pensée réellement cohérente du monde que par et dans la résolution de la question du droit, notion indissociable évidemment de la question des devoirs.

Connaissance de l'âme expose le cadre téléologique, eschatologique et épistémologique de ces notions centrales à l'œuvre. Pour Ostad Elahi, et c'est le postulat de base, l'âme a un

---

sont intéressés aux *Ahl-e Haqq* se sont essentiellement penchés sur les aspects rituels ou socio-politiques plus que sur les questions d'ordre purement spirituel.

devenir avant et après l'incarnation. Si *Connaissance de l'âme* s'ouvre sur un discours des origines, c'est parce que ce discours-là va déterminer la philosophie des fins dernières, parce que de l'existence de Dieu ainsi que de la nature et de la finalité de la création vont dépendre la nature et la destinée de l'âme humaine. En reprenant la trame des arguments « de tradition et de raison » en faveur de l'existence de Dieu dans la lignée avicennienne, l'auteur ne compte pas « prouver » l'existence de Dieu, il se contente simplement de montrer que celle-ci n'est pas en contradiction avec une pensée rationnelle. C'est ce même souci qui préside à l'ensemble du texte. A aucun moment il n'est question de « prouver » la véracité de la tradition religieuse car elle est tenue pour allant de soi. Il s'agit plutôt d'en rendre compte par une lecture rationnelle. Et c'est évidemment là que les choses se compliquent et que se met en place une stratégie du discours tout à fait singulière. Une lecture superficielle ne saurait en effet en aucun cas rendre compte de la « position » de l'auteur concernant la nature de l'âme (chap. 2), la résurrection (chap. 3), la résurrection purement corporelle (chap. 4), la résurrection purement spirituelle (chap. 5), l'harmonisation entre les deux (chap. 6), ni même la question de la Résurrection selon la doctrine du perfectionnement (chap. 7). Seul le chapitre 8 se présente comme une critique explicite, radicale et systématique des diverses théories transmigrationnistes. Loin de mettre en avant ses propres opinions, Ostad Elahi chemine en mettant en scène des personnages jamais nommément identifiés mais qui représentent des écoles de pensée : les deux grandes catégories qui s'opposent, les « rationalistes » et les « dogmatiques », se subdivisent en écoles diverses dont les doctrines sont résumées et mises en perspective les unes par rapport aux autres. L'intérêt de cette méthode est d'aller au bout de chaque argumentation en présentant les objections des uns aux théories des autres et vice-versa, de sorte que les incohérences logiques comme les évidences se montrent d'elles-mêmes. Aussi faut-il véritablement entrer dans le texte et en saisir le fonctionnement afin de déterminer progressivement la position de l'auteur[13]. Cette manière pour ainsi dire oblique de procéder répond à deux exigences. L'une, la moins importante, est strictement contextuelle : à l'époque où ce texte a été écrit, il était déjà nécessaire de ménager une certaine susceptibilité religieuse qui aurait pu se cristalliser en opposition dogmatique. L'autre, la plus importante, relève d'une démarche philosophique : il s'agit pour le lecteur de faire lui-même la part des choses, d'entrer dans une logique en ayant en main les arguments à la fois « de raison » et « de tradition » sans cesse invoqués au long du texte. A aucun moment, il ne s'agit d'imposer un dogme. En ce sens, il s'agit bien ici d'un débat philosophique. *In fine*, la question est de trouver une adéquation entre raison et révélation.

La clé de cette adéquation se trouve au chapitre 7, dans la doctrine du perfectionnement et plus particulièrement dans la notion des « vies successives ascendantes » que l'auteur distingue très clairement des doctrines de la transmigration des âmes exposées en détails et réfutées au chapitre 8. En fait, la confrontation entre les diverses conceptions de la résurrection exposées brièvement mais efficacement aux chapitres 3, 4, 5 et 6 a implicitement préparé et amené ce chapitre 7 en créant un véritable appel d'air. Car toutes les doctrines de la résurrection, posent en filigrane deux questions fondamentales : pourquoi la résurrection ? Et comment est-il possible de trouver une adéquation entre ces conceptions de la résurrection de l'âme et la justice divine ? Ostad Elahi fait ressortir cette aporie de façon particulièrement aiguë alors que les approches dogmatiques tendent à l'éluder. Ce questionnement est au centre du texte et sa raison d'être. Il en constitue aussi l'originalité. Pour Ostad Elahi, ce qui est ici en jeu est tout à fait crucial puisqu'il y va de l'essence même de la tradition monothéiste, indissociable de la doctrine de la résurrection (quelles qu'en soient les modalités). Si l'on échoue

---

13. Sur le plan strictement typographique, Ostad Elahi a cependant pris soin de noter en italique les idées essentielles qui forment la trame du discours. Ces italiques ont bien évidemment été respectées dans la traduction puisqu'elles marquent les temps forts de l'ouvrage.

à montrer que la résurrection est conforme à la justice divine, qu'elle est rationnellement fondée car elle est l'aboutissement du perfectionnement de toute créature, alors les postulats de départ pourraient bien du même coup s'écrouler. Si la résurrection a été mise en place par le Créateur juste, bon, omniscient et omnipotent (et l'on voit dans cette perspective tout le sens que prend le premier chapitre), alors elle fait sens et nous voilà au cœur du sujet : connaître l'âme, ce n'est pas décrire simplement sa nature mais bien savoir d'où elle procède et où elle va, où elle se situe dans l'échelle de la création et en quoi la perspective de la résurrection façonne sa destinée éternelle.

L'ensemble des principes exposés au chapitre 7 constitue donc la clé de voûte qui maintient et explicite la cohérence de la doctrine de la résurrection. Ce n'est pas un des moindres paradoxes de l'ouvrage que la justification rationnelle du système monothéiste se trouve formulée dans une doctrine tout à fait hétérodoxe du point de vue de la tradition islamique[14]. Et pourtant, Ostad Elahi prend bien soin de montrer, citations coraniques à l'appui, qu'au-delà des apparences, le principe des « vies successives ascendantes » et la doctrine du perfectionnement dans son ensemble sont loin d'être en contradiction avec la tradition religieuse. A ce propos, il convient de préciser que si les abondantes citations extraites du Coran ou des dits des imâms de la tradition chiite duodécimaine sont en accord avec la tradition théologique musulmane ainsi que le contexte culturel et la formation intellectuelle de l'auteur, il est cependant clair que le chapitre 7 a été conçu comme une réponse globale aux problèmes posés par la question de la résurrection aussi bien dans la tradition islamique que juive ou chrétienne dont il avait une connaissance approfondie.

De manière générale, le maniement des citations tend à faire ressortir le caractère problématique de la tradition de l'exégèse puisqu'aussi bien Ostad Elahi montre que la même citation a pu

---

[14]. Cette question des vies successives est clairement un écho des principes fondateurs de la doctrine *Ahl-e Haqq* mais Ostad Elahi la reprend, la clarifie et la développe au sein d'une pensée qu'il a lui-même qualifiée de « religion d'innovation » (*Âsâr al-Haqq* [15], I, n°2073).

être interprétée de manière inverse par des écoles exégétiques opposées. Encore une fois, c'est d'une façon oblique qu'il suggère un retour aux textes, et préconise ainsi une méthode herméneutique qui permet au lecteur de s'élever lui-même d'un texte donné à la contemplation du sens par l'assimilation intérieure, méthode dont *Connaissance de l'âme* est en soi un exemple. En effet, cet ouvrage, parfait microcosme de la pensée d'Ostad Elahi, est le fruit d'une réflexion de longue haleine sur la nature, le sens mais aussi les limites d'une tradition que la pensée de l'auteur sans cesse déborde pour atteindre à une cohérence interne, et, étrangement, très personnelle. La densité de l'ouvrage invite le lecteur à entrer lui aussi non pas seulement dans une lecture, mais dans une méditation du sens, en se laissant porter par ces phrases qui avancent par vagues successives, embrassant quelquefois dans un même mouvement raisonnements philosophiques et métaphores poétiques.

La difficulté du texte tient à ce que l'auteur a maintenu son projet de départ qui était de produire une œuvre courte qui soit comme le résumé d'une question complexe[15], ce qui aboutit à un style d'une extrême densité où l'implicite joue un rôle non négligeable. Il est bien évident qu'Ostad Elahi est tout à fait familier de toute la tradition d'exégèse du Coran et des dits des imâms, de la pensée néo-platonicienne, des œuvres d'Avicenne ou de Mollâ Sadrâ tout autant que des doctrines *Ahl-e Haqq*, ce dont témoigne d'ailleurs le catalogue manuscrit de sa bibliothèque personnelle. Quand cela a paru utile, des notes ajoutées à la traduction ont explicité certaines de ces références. Il est cependant clair que l'intérêt de l'ouvrage n'est pas tant là que dans la manière personnelle dont il réactive les données de la tradition dans ce souci de cohérence dont nous avons souligné plus haut qu'il était le fondement de la pensée d'Ostad Elahi.

C.D.

---

15. On peut remarquer d'ailleurs que cette quête de la concision quintessentielle est une constante de l'œuvre puisque Ostad Elahi disait lui-même de son enseignement : « J'ai résumé la quintessence des religions en quelques mots que j'ai mis entre les mains des chercheurs de vérité » (*Âsâr al-Haqq* [15], I, n° 2073).

Notes sur la traduction et la présentation

• Le texte utilisé pour la traduction est l'édition de 1992 dans laquelle les appendices ont été reportés à la fin du texte afin de faciliter la lecture (contrairement à l'édition de 1969 où les citations en arabe et les explications complémentaires étaient insérées dans le texte).

• Dans la mesure du possible, les termes techniques philosophiques ou théologiques ont été traduits par des termes correspondants en français. Cependant lorsqu'un mot a plusieurs sens ou qu'aucune traduction ne semble pouvoir rendre compte de sa subtilité, ou encore lorsqu'il s'agit d'un emploi spécifique à l'auteur, il en a été donné une transcription entre crochets. En règle générale, à chaque mot correspond toujours la même traduction tout au long du texte sauf pour certains mots polysémiques qui changent de sens selon le contexte. Dans ce cas, le mot persan ou arabe est toujours donné entre crochets.

• On a utilisé un système de transcription qui privilégie au maximum la simplicité et qui rend compte de la prononciation persane même pour les mots et les expressions d'origine arabe. La raison de ce choix est que les spécialistes reconnaîtront les mots sans avoir besoin de précision particulière et pour les non-spécialistes, les signes diacritiques n'ont aucune pertinence. Voici quelques indications sur la prononciation :

â : se prononce comme un *a* fermé comme le mot *hall* en anglais

u : se prononce *ou*

gh : se prononce comme un *r* guttural (*gheyn* de l'alphabet arabe)

j : se prononce *dj*

kh : se prononce comme le *ch* allemand ou la *jota* espagnole

q : se prononce comme un *k* guttural (*qâf* de l'alphabet arabe)

s : le *s* est toujours dur (=*ss*)

• Lorsqu'une citation est donnée par l'auteur en arabe et en traduction persane, ce qui est presque toujours le cas, on n'a proposé qu'une seule version en français en suivant toujours l'interprétation reflétée par la traduction en persan.

• Pour les versets coraniques, on a utilisé la traduction de Si Hamza Boubakeur (*Le Coran*, Paris : Fayard, 1979, 2 vols.) avec quelquefois des écarts afin de suivre au plus près l'interprétation reflétée par la traduction en persan faite par l'auteur de *Connaissance de l'âme*.

• Les références bibliographiques données dans le texte persan sont indiquées par un numéro qui correspond aux entrées bibliographiques que l'on trouvera en fin d'ouvrage tandis que les références des ouvrages cités dans les notes sont données dans les notes elles-mêmes.

• Les notes du traducteur se distinguent des notes de l'auteur par un double astérisque (**).

INTRODUCTION

Au nom de Dieu clément et miséricordieux

Gloire au Seigneur des univers, clément et miséricordieux, gloire au Maître absolu du Jugement dernier, Juge juste et suprême, gloire au Très-Haut, unique et souverain; que soit glorifié Dieu tout-puissant, éternel et immuable, que soit louée l'Essence infinie, qui n'engendre pas et n'a pas été engendrée, Dieu vivant et qui a toujours été; rendons grâces au Créateur de toutes les créatures, sans égal et miséricordieux, adorons l'Être nécessaire, qui écoute et qui sait, implorons l'Autorité absolue, auguste et majestueuse, l'Être suprême, fondement de la voie droite, supplions l'Arbitre ultime, qui accorde le paradis aux justes et assigne l'enfer aux injustes; enfin saluons et honorons tous les saints et les prophètes, les proches de Dieu, notre prophète Mohammad et les douze Imâms.

Quant aux raisons qui ont motivé l'auteur, Nur ʿAli Elahi, à entreprendre cet ouvrage, les voici : la question de la « connaissance de l'âme » avait été mentionnée à la fin de *Borhân al-Haqq* [*Théorème de Vérité*][16] sans avoir été effectivement traitée, aussi bon nombre d'amis insistèrent auprès de moi pour que cette question soit rédigée et publiée. Désireux d'accéder à leurs vœux

---

16. *Borhân al-Haqq* [13], p. 184. Pour les détails des références bibliographiques données par l'auteur, voir Bibliographie.

et en vue d'accomplir ce que je considère comme un devoir religieux, je me suis donc mis à l'ouvrage, car réaliser les aspirations spirituelles des viators d'une voie de guidance fait partie des obligations religieuses.

Aussi ai-je résolu, à telle fin de guider la communauté humaine et s'il plaît à Dieu - d'éclaircir cette question de la connaissance de l'âme dans les limites de ce que j'ai compris et de ce qu'il est indispensable de savoir. Manifestement, seul Dieu connaît le vrai et le faux et « tout ce qui frappe vos oreilles et vous paraît inconcevable, ne l'excluez pas du domaine du possible ».[17] Cependant, il me semble nécessaire de signaler au préalable et à ma décharge que les défauts ou lacunes dans le texte de cet ouvrage s'expliquent par les difficultés suivantes :

1) La vraie vérité des choses est si hermétique et complexe que seuls les prophètes envoyés et les proches du Trône divin – et ce, dans les limites de l'inspiration accordée à chacun d'eux par la sagesse divine – peuvent prétendre avoir effectivement et complètement pénétré la vraie réalité de la finalité ultime. Dès lors la seule chose que l'on puisse avancer est que « chacun ne peut prétendre avoir compris que dans les limites de sa compréhension » ou encore, comme le dit Cheikh Saadi : « Ceux qui prétendent L'avoir trouvé sont dans l'ignorance, car de celui qui L'a trouvé, on n'entend plus parler ».[18]

2) Bon nombre des conclusions auxquelles nous avons abouti en nous appuyant sur des citations, des analogies ou sur l'autorité de la raison, ou encore en tenant compte de ce qui est apparu manifeste à certains par l'effet de la proximité divine et du dévoilement des arcanes des vérités, paraîtront indigestes à la majorité des lecteurs et extrêmement difficiles à comprendre; c'est d'ailleurs pour cela que pour les proches de Dieu, elles font partie des arcanes secrètes.

---

17. *Kefâyat al-movahhedin* [9], vol. III, p. 52.
18. *Golestân* de Saadi, p. 32.

3) Ce que je me propose d'exposer dans cet ouvrage est forcément circonscrit par les limites de mon entendement et de ma réflexion, ainsi que par l'incomplétude de mes informations. Il se peut donc que logiciens et philosophes jugent l'ouvrage insuffisant, ce qui serait certes regrettable.

Il m'apparaît que la connaissance de l'âme implique [que soient traitées les questions suivantes] :

Premièrement, la connaissance du créateur de l'âme, si l'on veut découvrir l'origine de l'existentiation de l'âme ;

Deuxièmement, la définition de l'âme si l'on veut savoir ce qu'elle est et quelles sont les modalités et la finalité de sa création ;

Troisièmement, la preuve de l'immortalité de l'âme sans laquelle la réalité du Retour de l'âme[19] au lieu du retour éternel ne peut être démontrée ;

Quatrièmement, la Résurrection, corporelle et spirituelle et leur harmonisation, afin d'éliminer certains malentendus entre les différents groupes de croyants.

Point n'est besoin de commenter chacun des points mentionnés ci-dessus, les informations nécessaires ayant déjà été données sur ordre du Dieu des mondes par les prophètes missionnés dans le but d'éclairer les communautés humaines. Et ce, au moyen de versets explicites, démonstrations et preuves à l'appui, qu'il s'agisse de l'universel et du particulier, du tout ou de la partie[20]. Néanmoins, mon propos étant d'éclairer l'esprit des viators, il m'a semblé utile de condenser ce foisonnement de données et de présenter les différents points de vue, sous forme de chapitres distincts.

---

19. *Kefâyat al-movahhedin* [9], vol. III, p. 83.
20. La différence entre « universel et particulier » et « tout et partie » est que les premiers n'ont pas de réalité extérieure à la pensée tandis que le tout est une réalité extérieure dont la partie fait partie.

Chapitre Premier

DÉMONSTRATION DE L'EXISTENCE DE L'ARTISAN DIVIN

Les preuves et les démonstrations qui établissent l'existence de l'Artisan divin, Seigneur des mondes, ainsi que les signes et les témoignages rigoureux de l'unicité du Créateur unique et glorieux, relevant aussi bien de la tradition que de la raison, de la science que de la philosophie, sont innombrables dans les Livres révélés, comme dans les œuvres des docteurs de la Loi, des gnostiques, des philosophes mystiques et des théologiens. Cependant, puisque cet ouvrage se veut bref et concis, l'on s'abstiendra d'en donner un exposé détaillé et l'on se contentera simplement de rappeler quelques preuves relevant de la tradition, de la raison et de l'expérience.

PREMIER ARGUMENT[21]

Nous partirons de l'hypothèse que tout prédicament[22] se

---

21. ** Toute cette section porte la marque de la philosophie d'Avicenne, et plus particulièrement du premier livre de sa *Métaphysique,* dont Mollâ Sadrâ Shirâzi a livré un commentaire. Ostad Elahi manifeste ici une connaissance précise de cette tradition, mais le souci de concision qui l'anime a pour contrepartie certaines ellipses que ces notes ont pour but d'éclairer. Il s'agit de la preuve la plus « conceptuelle » du chapitre. Elle établit la nécessité de l'existence d'une première cause nécessaire par soi à partir de la simple considération des concepts du nécessaire, du possible et de l'impossible. Mais le ressort de la preuve réside dans la reconnaissance, à partir de l'idée d'une cause nécessaire à l'actualisation du possible, d'un certain principe de causalité valable pour tous les êtres. Il ne s'agit donc pas d'une preuve purement conceptuelle, ou *a priori* (preuve ontologique), puisqu'elle s'appuie sur l'existence de fait des êtres contingents. Elle exhibe dans sa forme pure le raisonnement sur lequel se fondent les diverses versions de la preuve physico-téléologique (« par les effets ») développées dans les sections suivantes.
22. ** Catégorie au sens d'Aristote.

comprend selon ces trois concepts : le nécessaire, l'impossible, le possible[23], chacun se subdivisant de la façon suivante :

1) Le nécessaire par soi, le nécessaire par un autre, le nécessaire par rapport à un autre[24] ;

2) L'impossible par soi, l'impossible par un autre, l'impossible par rapport à un autre ;

3) Le possible par soi, le possible par rapport à un autre.

Ces trois concepts sont ainsi définis[25] :

1) Le nécessaire par soi est ce dont l'existence par soi est exigée [logiquement][26]. Cela signifie que les modalités du non-être

---

23. ** Il s'agit là des formes de la modalité.
24. ** *Par soi, par un autre* et *par rapport à un autre* sont des modes de la relation. *Par soi* convient à ce qui n'a besoin que de soi-même pour se voir attribuer le concept considéré (nécessaire, impossible, possible). Plus précisément, *par soi* se dit d'une relation essentielle entre un sujet et son prédicat (par exemple, un prédicat appartenant à un sujet par définition). Cf. Aristote, *Métaphysique*, 1022a25sq. *Par un autre* convient à ce qui se voit attribuer le concept considéré en vertu de sa relation avec autre chose. *Par rapport à un autre* (ou pour un autre) convient à ce en vertu de quoi on attribue le concept considéré à autre chose (ce sans quoi autre chose ne peut pas être tel qu'il est). Mollâ Sadrâ Shirâzi, dans son commentaire des six premiers livres de la *Métaphysique* d'Avicenne, expose ces distinctions en détails (Avicenne, *La Métaphysique du Shifâ*, trad. C. Anawati, Paris : Vrin, 1978, p.318-319). Le sujet du nécessaire par un autre, ce n'est évidemment pas le nécessaire par soi (sinon il ne serait pas par soi, cf. p.114), ni l'impossible (sinon il y aurait contradiction), mais le possible par soi : il signifie ce qui n'a pas de nécessité dans l'existence et la non-existence. Le sujet du nécessaire par rapport à un autre, c'est le nécessaire par soi ou le possible par soi (ainsi, la nécessité de la cause par rapport à l'effet : la cause est nécessaire *par rapport* à l'effet, tandis que l'effet peut être nécessaire *par* la cause : chacun requiert essentiellement l'existence de l'autre et refuse de se séparer de lui). Cf. aussi à ce propos Aristote, *Métaphysique*, 1015b10-12 : « Parmi les choses nécessaires, les unes ont en dehors d'elles la cause de leur nécessité, les autres l'ont en elles-mêmes, et sont elles-mêmes source de nécessité dans d'autres choses... ».
25. Voir *Ketâb-e falsafe-ye 'âli* [7], vol. 1, chap. 6 et 7, p. 34-38 ; *Asfâr*, ancienne éd., vol. 1, livre 2, chap. 7, p. 34 ; *Asfâr* [11], nouvelle éd., p. 149sq. ; *Sharh-e manzume-ye Sabzevâri* [10], première éd., p. 60sq.
26. ** Autrement dit, le nécessaire par soi est ce dont l'essence enveloppe l'existence ou, comme on le lit parfois, ce dont l'existence est son essence même. Mais dans le cadre de la pensée avicennienne, une telle formulation ne serait pourtant pas tout à fait exacte (cf. sur ce point E. Gilson, *L'être et l'essence,* Paris : Vrin, 1948, p.124sq : « aucune essence n'inclut son existence, puisque, quelle que soit l'essence considérée, l'existence n'est pas incluse dans sa définition. »). Que l'existence soit exigée par l'essence n'implique donc pas qu'elle en fasse partie. Et quant à Dieu, comme le montre la suite de notre texte, il n'est l'Être

par soi, qu'il s'agisse du non-être antécédent, du non-être concomitant ou du non-être simplement pensé sont absurdes et impossibles[27] quant à l'existence du nécessaire par soi. Ainsi de l'existence du Créateur : un tel concept porte le nom de « nécessaire par soi » et le reste des existants, relevant du « nécessaire par un autre » ou du « nécessaire par rapport à un autre », remontent tous à Lui. En effet, qu'il s'agisse des existences qui viennent à l'être par la médiation de l'enchaînement des causes par un autre ou qu'il s'agisse des existences dont l'existentiation est nécessaire par rapport à l'existentiation d'un autre, cette consécution de causes et de médiations par un autre et par rapport à un autre remonte ultimement à la cause des causes, fondement de la nécessité essentielle de l'essence de l'Être nécessaire[28].

2) L'impossible par soi est, contrairement au nécessaire par soi, ce dont le non-être est par essence exigé[29], ce qui signifie que les modalités de l'existence par soi, qu'il s'agisse de l'existence antécédente, concomitante ou simplement pensée, n'y

---

Nécessaire qu'à la condition, justement, de n'avoir pas d'essence – ni quiddité, ni définition (Avicenne, *op.cit*, t.II, VIII, 4, p.85sq). « S'il existe un être dont la notion inclut nécessairement l'existence, il est certain que cet être n'a pas d'essence » (Gilson, *ibid*.). Shirâzi mentionne les cinq attributs du nécessairement existant : « Il est sans cause, nécessaire de tous points de vue, n'a pas d'égal, il est simple, n'a pas d'associé dans l'essence. Donc pas de dépendance d'un autre, n'a pas d'accident, n'a ni forme ni matière, pas de genre, pas d'espèces, pas de définition, ni d'agent, ni de fin, ni d'associé dans son existence propre » (rapporté dans Avicenne, *La Métaphysique du Shifâ*, op.cit., p.317). Ostad Elahi retrouvera plus bas ces caractéristiques à propos de Dieu, cause des causes.
27. ** Ce qui est nécessaire par soi, ce qui ne saurait pas ne pas être, ne peut être sujet des modalités du non-être, autrement dit : 1) cela ne peut pas ne pas avoir été, 2) cela ne peut pas ne pas être, 3) cela ne peut pas être conçu comme n'étant pas.
28. ** Ce passage prépare la suite de l'argument, qui en développera l'idée. Il s'agit d'établir la nécessité de « l'Artisan divin » à partir de la considération du mode d'être des essences finies (des créatures), lesquelles ne trouvent leur fondement que dans le nécessaire par soi au sens absolu, d'où découle toute nécessité.
29. ** Ce qui ne peut pas être. Cette notion est strictement symétrique de celle du nécessaire par soi : il est nécessaire par soi que cela ne soit pas. C'est cette symétrie qui permet de s'appuyer sur le concept du nécessaire par soi par excellence (l'Être nécessaire) pour construire le concept de l'impossible par soi par excellence (l'Associé de Dieu).

trouvent aucune voie. Ainsi de « l'associé » au Créateur[30] ; un tel concept est dit « impossible par soi » et tous les autres impossibles – par un autre et par rapport à un autre – peuvent être ramenés à celui-ci[31].

3) Le possible par soi[32] est tel qu'aucune des deux modalités du nécessaire et de l'impossible ne trouve en lui d'exigence ni de préférence essentielle qui le fasse incliner vers tel préférable [plutôt que vers tel autre][33]. En d'autres termes, comme le

---

30. ** On touche là à l'un des piliers de la théologie islamique. Dieu est l'Unique, sans associé par nécessité d'essence, et donc par définition. La notion même d'un associé de Dieu est une contradiction dans les termes, et une impossibilité par soi. Si Dieu est nécessaire par soi, en effet, il n'a pas besoin d'associé ; s'il en avait un, il ne serait plus suffisant à lui-même, et donc plus nécessaire par soi.

31. ** De même que la chaîne des causes ramène, de proche en proche, tout existant au nécessaire par soi qu'est Dieu, cause des causes, de même tout ce qui est impossible peut être déduit de l'impossible par soi qu'est l'Associé de Dieu, tout comme en logique on peut déduire d'une prémisse fausse n'importe quelle autre prémisse.

32. ** Le possible est ce qui peut être ou ne pas être. Aristote définit le possible comme ce dont le contraire n'est pas nécessairement faux, c'est-à-dire ce dont le contraire n'est pas impossible (*Premiers Analytiques*, 32a18-20 ; *Métaphysique*, 1019b28-30). Cela signifie donc que le possible n'est pas le contradictoire de l'impossible (tout ce qui n'est pas impossible n'est pas de ce fait possible : cela peut être nécessaire), mais son contraire (car ce qui est impossible n'est évidemment pas possible). Il se définit donc négativement comme ce qui n'est ni nécessaire ni impossible. Ces deux dernières catégories ne le poussant vers aucun côté plutôt que de l'autre, l'essence comme possible par soi est absolument indifférente à l'existence et à la non-existence, elle est existentiellement neutre. C'est en formulant le problème en ces termes, comme le remarque Mollâ Sadrâ Shirâzi, qu'on peut échapper à la circularité de la définition des trois catégories de la modalité (la définition d'un des termes impliquant à chaque fois l'un des deux autres – Avicenne, *La Métaphysique du Shifâ*, I, 5, op.cit., p.111). Il faut partir de l'examen de l'essence de la chose pour voir si elle exige l'existence, la non-existence, ou bien ni l'une ni l'autre. Ainsi sont engendrées les catégories du nécessaire par soi, de l'impossible par soi et du possible par soi, à partir de la considération des trois états des quiddités par rapport à l'existence et à la non-existence (*ibid.*, note p.316).

33. ** Le possible, c'est ce qui a besoin pour exister de quelque chose d'autre que sa propre essence, car cette essence, par elle-même, ne le pousse vers aucun préférable. Ou encore, le possible consiste en ce qu'il n'y a pas de nécessité pour son existence ou sa non-existence par rapport à l'essence en tant que telle, considérée dans l'abstraction de toute « raison préférentielle » (il revient au même, à cet égard, de faire porter cette préférence sur le couple nécessaire-impossible ou sur le couple existence-non-existence). D'où le besoin pour le possible d'avoir toujours une cause, dont la présence ou l'absence détermine l'existence ou la non-existence du possible. Cf. Avicenne, *op.cit.*, I, 6, p.113-115 (« tout existant possible n'existe que si, par rapport à sa cause, il est nécessaire », p.115), et aussi le commentaire de Mollâ Sadrâ Shirâzi, p.325.

possible est à égale distance [du nécessaire et de l'impossible] et qu'il est affecté d'une indigence essentielle, son inclination vers l'une ou l'autre de ces deux modalités doit être causée par une cause accidentelle qui le fasse pencher vers l'un des préférables dont il épouse alors la modalité³⁴. Si l'absence d'exigence affecte l'une des modalités, on parle de « possible universel » (*emkân-e `âm*) ; et si l'absence d'exigence concerne les deux modalités, on parle de « possible particulier » (*emkân-e khâs*). Dans le cas où il n'y a pas absence d'exigence (qu'elle soit quintessentielle, qualitative ou temporelle), on parle de « possible singulier » (*emkân-e akhas*)³⁵. En outre, la possibilité qui est disposition et la possibilité qui est réceptivité sont également considérées comme des espèces de possible³⁶. Que la locution « possible par un autre » soit vide

---

34. ** Ainsi le possible réalisé peut-il être en même temps nécessaire par autrui (cf. Avicenne, *op.cit.*, I, 7, p.121). Cette extériorité de l'existence par rapport à l'essence possible ou nécessaire peut être exprimée en disant que l'existence est un accident (Ostad Elahi parle de « cause accidentelle »). C'est ce qu'Averroès reproche à Avicenne, peut-être abusivement (cf. Gilson, *op.cit.*, p.125sq), mais qui se trouve être le ressort de la démonstration « créationniste » de l'Être nécessaire. Ici, la stratégie de la preuve consiste à introduire la notion d'être causé (l'expression intervient à la fin du premier argument) à partir de la notion de cause accidentelle. L'essence existante, qui est toujours un possible réalisé, suppose qu'un possible ait été réalisé par sa cause : ce possible réalisé est une essence qui, possible en elle-même, n'est cependant rendue nécessaire que par l'efficacité de sa cause. L'existence n'est pas un accident comme les autres (quantité, qualité) : elle découle d'une certaine façon de l'essence (Avicenne parle de l'existence comme d'un « concomitant » extrinsèque de l'essence prise dans sa quiddité pure), « elle l'accompagne nécessairement *en vertu de la cause qui la réalise* » (Gilson, *ibid.*,p.126 ; cf. sur ce point A.-M. Goichon, *La distinction de l'essence et de l'existence d'après Ibn Sina (Avicenne)*, Paris : Desclée de Brouwer, 1937, p.118).
35. ** Ces distinctions à propos du possible se font en fonction du degré de contrainte ou d'exigence qui portent sur l'essence. Si on nie peu d'exigences, si donc le nombre d'exigences considérées est élevé, le possible en question se trouve plus précisément déterminé (au bas de l'échelle, le possible réalisé est le singulier, l'individu). Au contraire, plus on nie d'exigences, c'est-à-dire plus on libère l'essence possible des exigences qui la feraient incliner vers le nécessaire ou l'impossible, et plus le possible est général et indéterminé par lui-même. Le possible universel est ainsi obtenu lorsqu'on libère complètement l'essence de toute préférence essentielle envers le nécessaire, ou bien envers l'impossible.
36. ** Ces genres de possibles ne se définissent plus par rapport à l'existence ou à la non-existence de l'essence en fonction de contraintes ou de causes extérieures, mais par des propriétés particulières de l'essence qui rendent possibles ou impossibles certains

de sens s'explique par le fait que le possible par soi est un attribut tiré de l'essence de la quiddité[37]. Ce n'est que la nécessité de pencher vers l'existence ou vers la non-existence qui requiert la médiation des causes et des causés. Car dans l'opération qui consiste à abstraire cet attribut de l'essence de la quiddité, il n'est besoin de considérer aucun élément médiateur qui s'ajouterait à l'essence. Il s'ensuit que l'expression « possible par un autre » est une absurdité au regard de la raison, puisque l'attribut essentiel des substances n'a pas besoin d'une cause extérieure[38]. En outre, admettre l'existence du possible par un autre dans la quiddité, tout en supposant que lui appartient l'attribut du possible par soi, équivaut à unir deux contradictoires et ruine donc l'hypothèse[39].

Assurément, chacun de ces trois concepts des modalités de l'être a alimenté de longues controverses philosophiques ; les passer en revue excéderait les limites du présent ouvrage.

Ainsi donc, comme cela a été indiqué, tant que chaque nécessaire ou impossible par un autre ou par rapport à un autre, ou encore chaque possible par rapport à un autre[40] n'est pas

---

événements (ainsi, il est du possible de l'homme d'acquérir la connaissance ; pas de celui du caillou).
37. Quiddité : l'être ou la nature de la chose qu'exprime sa définition.
38. ** Toute essence tient sa possibilité d'elle-même et d'elle seule. En toute rigueur il n'est pas juste de dire que A *rend possible* B. A peut bien causer B, le réaliser, le déterminer à exister et ainsi le rendre nécessaire, mais il faut pour cela que B soit déjà possible par lui-même, en vertu de ce qu'il est. Le possible par soi est l'attribut essentiel de l'essence : tout ce qui est, en tant qu'il est, est *possible* – qu'il existe ou non. Le concept du possible est aussi universel que l'être lui-même. La philosophie médiévale désigne ce genre de notions par le terme de « transcendantaux ».
39. ** Sur tout ce passage, cf. Mollâ Sadrâ Shirâzi, rapporté dans Avicenne, *La Métaphysique du Shifâ*, op.cit., p.318.
40. ** Si le possible n'est jamais *par un autre*, il peut être en revanche *par rapport à un autre*, tout comme le nécessaire. Est possible par rapport à un autre ce *par quoi* quelque chose d'autre peut être aussi bien que ne pas être, et *sans quoi* ce quelque chose d'autre peut être aussi bien que ne pas être (par différence avec le nécessaire par rapport à un autre, dont on a vu qu'il est ce sans quoi quelque chose d'autre ne peut pas être). Cf. Mollâ Sadrâ Shirâzi, rapporté dans Avicenne, *La Métaphysique du Shifâ*, op.cit., p.319 : « Quant au sujet de la possibilité par rapport à un autre, il se réalise dans les choses par rapport à

reconduit à l'ultime cause des causes, il s'ensuit un cercle vicieux ou un enchaînement sans fin qui répugnent tous deux à la raison[41].

---

des choses qui n'ont pas entre elles le rapport de causalité ou d'effet, comme c'est le cas du nécessaire par soi par rapport à un autre existant nécessaire... ou comme l'état de l'impossible par soi par rapport à des possibles existants. »
41. Cf. appendice 1. ** La perspective inconfortable d'une régression à l'infini ne vaut évidemment que pour ce qui relève des modes « par un autre » et « par rapport à un autre » de la nécessité. Les points 1 et 2 des définitions (sur le nécessaire par soi et l'impossible par soi) montrent clairement que tout le sens du mode « par soi » est de mettre un terme à cette régression. La cause des causes, en ce sens, ne peut être qu'un nécessaire par soi. (Sur le rapport des modalités à l'idée de cause, cf. Avicenne, *La Métaphysique du Shifâ*, I, 6 : « l'existant qui de soi [par soi] est nécessaire n'a pas de cause. L'existant qui de soi est possible a une cause », *op.cit.*, p.113). A propos de chaque être possible, on se demande pourquoi il existe alors qu'il aurait pu ne pas exister, et l'on est ainsi conduit à chercher une existence nécessaire qui n'ait plus à son tour besoin d'être fondée, qui soit le fondement dernier de toute la série. La contingence de l'être seulement possible exige d'être absolument fondée dans un être nécessaire par soi, Dieu. Être nécessaire et cause des causes, Il mérite à ce titre le nom de Premier. Avicenne désigne par là le principe à qui tout le reste doit d'exister. On voit, rétrospectivement, la fonction que remplissaient les considérations sur le nécessaire et le possible eu égard à l'existence et à la non-existence. Ostad Elahi, dans la ligne avicennienne, a préparé le terrain de la preuve de l'existence de Dieu en construisant la notion de l'être causé à partir des modalités du nécessaire et du possible. Ce dont l'essence n'inclut pas l'existence, ne peut tenir cette existence que d'une cause qui le lui donne ; et puisque toute essence est dans cette situation, il faut admettre que tout ce qui a une essence est un être causé. Comme dit Gilson : « après le Premier, tout le reste a des essences purement possibles, auxquelles l'être n'échoit que comme un accident venu du dehors. Cela est si vrai, qu'à bien prendre les choses il vaudrait mieux dire que le Premier lui-même n'a pas d'essence... [...]. Il n'y a rien en lui à quoi l'être puisse survenir du dehors, mais c'est de lui que l'être s'épanche sur tout ce qui possède une quiddité, ou essence. Lui-même est l'être libre de toute condition d'essence, et c'est justement pourquoi il est nécessaire ; tous les autres, qui ont des essences, ne sont que des possibles, parce qu'ils tiennent leur existence du Premier. » (*op.cit.*, p.125). Ainsi, « tout être réel est une essence réalisée par sa cause, et tout d'abord par sa cause première, qui est l'Être nécessaire ou Premier » (*ibid.*, p.126).
La logique de tout ce passage s'inscrit bien dans le mouvement de pensée avicennien, pour lequel il n'est pas question d'admettre la contingence du possible. Comme dit Henry Corbin : « Tant que le possible reste en puissance, c'est qu'il ne peut pas être. Si quelque possible est actualisé dans l'être, c'est que son existence est rendue nécessaire par sa cause. Dès lors il ne peut pas ne pas être. A son tour, sa cause est nécessitée par sa propre cause, et ainsi de suite. » (*Histoire de la philosophie islamique,* Paris : Gallimard, 1986, p.242). Le possible, toujours rendu nécessaire par autre chose que lui-même, nous fait ainsi remonter de cause en cause vers une cause première qui doit rendre raison de la série entière de la création.

Puisqu'il en est ainsi, il devient nécessaire de trouver la cause des causes originelle. Or, conformément au jugement de la raison et au témoignage de la conscience, la cause des causes doit nécessairement être une *chose* causée par nulle cause, constituée par nulle puissance, produite par nulle accident ; elle ne résulte d'aucune composition, ne provient d'aucun substrat, n'est soumise à aucune quiddité[42], ne dépend d'aucun existant pour son existence, n'est dotée d'aucune matière ni forme ; on ne saurait lui attribuer d'autre attribut [que les siens], ni l'inscrire en aucun volume, ni la circonscrire en aucune dimension ou limite. De même, on ne peut lui supposer ni commencement ni fin, ce qui reviendrait à lui attribuer antécédence et postériorité ; on ne peut non plus lui donner ni associé ni semblable, ce qui engendrerait association et dualité, opposition et contradiction dans la volonté qui préside à l'ordonnancement des réalités créaturelles. Ainsi est-il dit dans le Coran :

> *S'il y avait eu des dieux à côté de Dieu dans ces deux mondes, ces derniers se décomposeraient.* [XXI, 22]

Il faut donc, de manière générale, qu'à tout point de vue et à tous égards, sa perfection soit complète et totale, à la limite extrême de l'intensité et de l'expansion, et que son être soit exempt de toute déficience et de toute imperfection. Il est permis de nommer une telle « *chose* » du nom que l'on voudra ; certains l'appellent « Créateur », d'autres « Dieu », d'autres encore « Être nécessaire par soi », etc.[43]

---

42. ** Dieu n'a pas d'essence, pas de quiddité, pas de définition. Cf. note 26.
43. ** Sur tous les attributs négatifs de Dieu, cf. Avicenne, *op.cit*, t.II, VIII, 4-5, p.85-93. « Il appert donc que le Premier n'a pas de genre, ni de quiddité, ni de qualité ni de quantité ni d'*ubi* ni de *quando*, ni de pareil, ni d'associé, ni de contraire, – qu'Il soit exalté et glorifié, qu'Il n'a pas de définition qu'Il n'est pas l'objet de démonstration, mais qu'Il est la preuve de toute chose ; et Il n'a à son sujet que des signes *(dalâ'il)* évidents. » (*ibid.*, p.93) ; qu'Il « est un à tous les points de vue parce qu'Il n'est divisé ni en parties en acte ni en parties par supposition et par imagination comme le continu, ni dans l'esprit...; qu'Il est un en tant qu'Il ne partage d'aucune façon l'existence qu'Il possède. Il est par cette unité singulier *(fard)*. Il est un parce qu'Il a une existence parfaite ; il ne Lui reste rien à recevoir pour qu'Il devienne parfait. » (*ibid.*, IX, 1, p.111).

En tout état de cause, tout ce qui existe procède de l'émanation issue de l'effusion de sa munificence, qui fait être les existants agréés ou douteux (*motavâti va motashakek*), selon leur proximité ou leur éloignement, leur intensité ou leur faiblesse, leur causativité et leur être-causé, l'enchaînement des causes et des effets. C'est dire que depuis le degré le plus éminent de la création, celui du Premier Emané et de la Première Intelligence[44], jusqu'au degré le plus bas, qui comprend les créatures les plus infimes et les plus faibles, chaque existant sort du possible et vient à l'être par une certaine cause.

DEUXIÈME ARGUMENT

Il repose sur la considération de l'ordonnancement qui régit toutes les réalités créaturelles et les exigences requises par les dispositions naturelles des existants. Comme on peut le constater par les sens et comme il apparaît à l'évidence, chaque chose a un commencement et une fin, connaît le mouvement et le repos, une gradation d'effets hiérarchiques, un ordre et un agencement tels qu'en aucune façon la moindre transgression ni le moindre désordre ne peuvent survenir dans son essence[45]. Il s'ensuit que celui qui, doté d'une saine raison, observe cette hiérarchie des degrés et cet ordonnancement spécifique, acquiert la certitude que cet état de choses, si grandiose et si sublime, ces marques de

---

44. ** Ces deux expressions sont synonymes. Il s'agit d'une allusion à la doctrine émanatiste d'Avicenne (elle-même construite sur l'héritage néo-platonicien de Plotin et Proclus). Le problème est de dériver la multiplicité des êtres à partir du Principe Premier identifié à l'Un absolu. Si de l'Un ne peut procéder que l'un, il est nécessaire de concevoir entre les êtres et Dieu des entités intermédiaires. Le « Premier Emané » est le produit, l'émanation du Premier lorsqu'Il s'intellige Lui-même. C'est une Intelligence pure, également appelée Première Intelligence. Puisque le Premier est simple et un, le Premier Emané doit être lui-même simple et un. Mais il comporte déjà pluralité. Car d'une part il est causé, et nécessaire seulement par un autre. Et d'autre part, s'intelligeant lui-même, il intellige en même temps le Premier qui nécessite son existence, et par là émane de lui une deuxième Intelligence, qui à son tour s'intellige elle-même et son principe, produisant une troisième Intelligence, et ainsi de suite jusqu'à l'Intelligence Agente, qui est à l'origine de la matière et plus généralement de tous les êtres soumis à la génération et à la corruption. Cf. Avicenne, *op.cit.*, t.II, IX, 4-5, p.137-148.

45. Il a été dit « par essence » car il est possible que par accident, un être sorte de la trajectoire naturelle qui lui est impartie par essence.

toute-puissance dans l'organisation et l'invention, n'ont pu s'engendrer par eux-mêmes ou par quoi que ce soit de semblable à eux-mêmes, car nul causé ne peut être cause de soi-même ni d'un causé situé au même degré dans la hiérarchie de l'être[46]. Par exemple, une statue n'est pas capable de se sculpter elle-même, et ne peut pas non plus être sculptée par une autre statue qui lui serait semblable. Il est donc nécessaire que chaque causé ait une cause, de la même manière que chaque objet est créé par un artisan qui lui est supérieur.

Ainsi donc, cet ordonnancement des réalités créaturelles atteste l'existence d'un principe existentiateur qui régit et ordonne l'univers et ses créatures ainsi que les modalités de génération et de corruption[47]. En règle générale, il faut remonter à la cause à partir de l'effet, comme l'énonce ce hadith[48] :

> On demanda au Prince des Croyants, l'Imâm `Ali, comment l'on établissait l'existence de l'Artisan divin. Il répondit : « les excréments de chameau prouvent l'existence d'un chameau, les excréments d'âne, l'existence d'un âne, et les traces de pas sur le sol, l'existence d'un passant. Comment le temple suprême, qui englobe tous les cieux et toutes les sphères, et qui est fait d'une matière si subtile, comment le centre inférieur qui comprend les divers degrés terrestres, et qui est fait d'une matière si dense, comment tout cela ne serait-il pas la preuve du Seigneur du subtil et du dense ? » Puis il déclara : « L'œuvre de Dieu établit l'existence de Dieu, les intelligences attestent la science de Dieu, la faculté de

---

46. ** L'originalité de cette variante de la preuve traditionnellement appelée « physico-téléologique » consiste à appuyer le raisonnement sur une métaphysique des degrés de l'être, où la création se trouve ordonnée de telle façon que les rapports de causalité réelle ne peuvent intervenir que d'un degré plus élevé vers un degré moins élevé. Cf. Avicenne, *op.cit.*, t.II, X, 1, p.169.
47. ** Le raisonnement condensé ici doit se comprendre de la manière suivante : chaque être d'un niveau donné suppose une cause (un « artisan ») d'un niveau supérieur ; de proche en proche, on est renvoyé à un niveau au-delà duquel on ne peut remonter : l'Artisan au sens absolu, la Cause des causes elle-même non-causée (cause de soi), ce que tous appellent Dieu.
48. Cf. *Kefâyat al-movahhedin* [9], vol I, p. 31.

penser fonde la preuve de Dieu. Il est connu par des preuves évidentes et reconnu par des témoignages manifestes. »

Ces paroles de ʿAli, et entre autres celles concernant le temple sublime et le centre inférieur, trouvent confirmation dans de nombreux versets du Coran, parmi lesquels [on peut citer] les suivants :

Ne considèrent-ils pas comment les chameaux ont été créés ; comment le ciel a été élevé ; comment les montagnes ont été placées ; comment la terre a été aplanie ? [LXXXVIII, 17-22]

TROISIÈME ARGUMENT

Selon les partisans de l'éternité du monde et les physiologues (*dahriyun wa tabiʿiyun*), en chaque chose, c'est la nature elle-même qui produit la nature de chaque chose. Or cette opinion entraîne de nombreuses absurdités. Ainsi :

Premièrement : Si chaque nature était son propre principe existentiateur, chaque chose se précéderait soi-même, ce qui est absurde.

Deuxièmement : Si deux natures ou plus étaient conjointement et de manière limitée[49] dans un rapport de causalité réciproque, cela impliquerait un cercle vicieux explicite ou implicite, ce qui n'est pas acceptable.

Troisièmement : Si toutes les natures se succédaient indéfiniment, chacune étant la cause de celle qui lui est inférieure, sans qu'on aboutisse jamais à un terme final existentiateur de la nature de tous les êtres, on aurait affaire à un enchaînement sans fin dont l'absurdité est manifeste. En d'autres termes, l'hypothèse selon laquelle les natures seraient cause les unes des autres dans un enchaînement circulaire ou une régression

---

49. ** Cette précision est importante. Si la pensée d'un Dieu cause de soi échappe au vice de circularité, c'est que dans le cas de Dieu on a affaire à une « nature » infinie, illimitée.

à l'infini, doit être rejetée par la raison⁵⁰. En revanche, un enchaînement des natures culminant en un point ultime qui les transcende toutes⁵¹, c'est là quelque chose qui conforte la raison. Or c'est ce point d'unité, terme ultime et unique de tous les existants, qui est l'Artisan divin, quelque nom qu'on veuille lui donner. Aussi bien, si le discrédit est jeté sur une conception de la nature, il s'agit seulement de la nature sans existentiateur et de la préférence sans préférable des tenants de l'éternité du monde. Autrement, la nature universelle ou nature relative déterminante, est un effet parmi les effets d'une création en puissance, une cause parmi les causes existentiatrices des étants en acte, qui s'origine elle-même en l'effusion de la munificence du Créateur de tous les êtres, en l'être du Principe nécessaire par soi. En un mot, cette conception de la nature est à l'opposé de celle que définissent les physiologues. L'existence de chaque étant relève exclusivement de deux modalités, celle de l'existence naturelle, ou celle de l'existence artificielle, et chacune de ces modalités peut être elle-même ordonnée ou bien non-ordonnée, d'où les définitions suivantes :

1) L'existence naturelle ordonnée est ce qui, issu de la nature en puissance, revêt une forme en acte régie par des lois et ordonnée, comme les révolutions périodiques des sphères célestes, l'ordonnancement des étoiles fixes et errantes, ou le contour, la coloration, la structure harmonieuse des corps, des volumes et des dimensions des créatures animées ou inanimées etc.

---

50. ** Une fausse sortie consisterait en effet à vouloir éviter la régression à l'infini en refermant l'enchaînement sur lui-même, dans un rapport de causalité réciproque et circulaire (le premier causant se trouvant ainsi causé en retour par toute la série qu'il détermine). Mais cette conception est intenable d'après ce qui a été dit juste avant (deuxième point). Le cercle vicieux ne vaut pas mieux que la régression à l'infini.

51. ** C'est là le point essentiel : la cause des causes n'est justement pas immanente à la série. Ce n'est pas une cause éminente qui aurait son lieu quelque part « au bout » de l'enchaînement des causes. Elle est d'un autre ordre, elle transcende la série elle-même. C'est pourquoi Dieu ne cause pas simplement le premier causé, pour de proche en proche donner le branle au monde : les créatures « émanent » de Lui comme d'un Principe dont l'action ne relève pas de la simple causation, mais plus radicalement de l'existentiation.

2) L'existence naturelle non-ordonnée est le contraire de l'existence naturelle ordonnée, ainsi les hauts et les bas des montagnes et des plaines, le bouillonnement et l'écoulement des sources, les déserts inhabités et les rivages des océans, les herbes folles des campagnes et le foisonnement des arbres dans les forêts, etc.

3) L'existence artificielle ordonnée est ce qui, en sus des effectuations de la nature en puissance ou en acte, a été conçu et ordonné selon des règles spécifiques par un agent autre, doté de volonté et de visée. Ce sont par exemple, les structures géométriques et ordonnées des édifices et des jardins, pelouses et parterres floraux, ponts, pièces d'eau et constructions de pierre, etc.

4) L'existence artificielle et non-ordonnée consiste en ce qu'un agent formateur, doté donc de volonté et de visée, produise délibérément, par souci esthétique et dans un but particulier, quelque chose qui a une forme naturelle et non-ordonnée, comme dans les arts imitant les manifestations de la nature non-ordonnée.

Quatrième argument

Il tient à l'impuissance des créatures face à certaines réalités qui les concernent et au fait qu'à certaines époques surviennent des événements indéniables et inattendus, de l'ordre du prodige et du surnaturel, tels que les miracles, etc.

Cinquième argument

Il concerne le problème de la pré-éternité et de l'advenue des choses à l'être. En effet, tout ce qui est intelligible est, ou bien existant de toute éternité, ou bien advenant à l'être. On posera comme une évidence que toutes les créatures, qu'elles existent concrètement ou dans l'intellect, sont advenues à l'être, existent dans le présent et existeront dans le futur. Ainsi, selon la mineure et la majeure de la première figure du syllogisme en logique, « le monde est soumis à l'altération, or tout ce qui est soumis à l'altération est advenu à l'être, donc le monde est advenu à l'être ». Ou encore, « le corps est composé, or tout ce qui est composé est advenu à l'être, donc le corps est advenu à l'être »[52]. Or, il est inévitable que tout ce qui advient à l'être ait un agent. Supposons que de cet agent, on remonte à un autre agent ; il faudra bien, en fin de compte, que l'ultime agent ou cause première existe de toute éternité, si l'on ne veut pas retomber dans le cercle vicieux ou la régression à l'infini dont nous avons signalé l'absurdité[53].

Il faut donc conclure que le Créateur existe de toute éternité et que c'est par Lui que tout le reste des existants advient à l'être. Ainsi, dans le Coran, le raisonnement d'Abraham (l'ami de Dieu) témoigne de cela :

> *Ainsi nous faisions voir à Abraham le Royaume des Cieux et de la Terre afin qu'il fût au nombre des convaincus – Lorsque l'obscurité de la nuit l'enveloppa, il vit un astre et s'écria : 'Voici mon Seigneur !' Cependant, quand l'astre se coucha, il déclara : 'Je ne saurais aimer ceux qui disparaissent.' – Lorsqu'il vit la lune se lever, il s'écria : 'Voici mon Seigneur' [mais] lorsque la lune se coucha, il dit : 'Certes, si mon Seigneur ne me guide point, [pour le découvrir], je serai au nombre des égarés.' – Lorsqu'il vit le soleil se lever, il s'écria : 'Voilà mon Seigneur ! Celui-ci est le plus grand !' [Mais] lorsque le soleil se coucha, il déclara : 'O mon peuple, je désavoue ce que vous associez à Dieu ! – En monothéiste sincère, je tourne mon visage vers celui qui a créé les cieux et la terre ; je ne suis point du nombre des associateurs'. [VI, 75-79]*

---

52. *Shamsiyya* [8], p.158.
53. ** On comparera cette démonstration par le caractère d'advenue à l'être (ou éduction, ou innovation), et la nécessité d'un existentiateur de l'existentialisation (ou existentiation), aux passages suivants d'Avicenne : *op.cit.*, t.II, VIII, 3, p.83-84 et IX, 1, p.112.

Il ressort clairement du contenu de ces versets que ce que veut dire Abraham, lorsqu'il évoque l'apparition et le déclin de l'étoile, de la lune et du soleil, ce n'est pas qu'il ne connaissait pas le Dieu Unique dont l'existence lui aurait été attestée et confirmée par un tel raisonnement, mais plutôt que, confronté aux adorateurs de l'étoile, de la lune et du soleil, il en appela à leur raison en recourant à une méthode qui consistait à les interpeller et à remettre en question leurs croyances en vue de les avertir et de les semoncer et pour qu'ils en tirent une leçon. En effet, le déclin et la disparition en toute chose impliquent nécessairement le mouvement et l'advenue à l'être. Or tout ce qui advient à l'être est créé. Il s'ensuit que seul l'Artisan divin est de toute et pour toute éternité. La tradition suivante va dans le même sens[54] :

> `Ali ibn Mohammad ibn al-Juham rapporte qu'il était présent à une réunion chez le calife Ma`mun, à laquelle assistait l'Imâm Rezâ. Ma`mun posa à l'Imâm Rezâ la question suivante : « Ô descendant du Prophète, n'avez-vous pas dit que tous les prophètes sont immaculés ? » « Oui », répondit l'Imâm Rezâ. Alors Ma`mun lui demanda : « Expliquez-moi alors ce que dit Dieu au sujet d'Abraham [VI, 76-79] ». L'Imâm répondit : voici la signification de ces versets. Lorsqu'Abraham sortit de la caverne qui lui servait de cachette, il eut affaire à trois groupes de gens : les adorateurs de Vénus, les adorateurs de la lune et les adorateurs du soleil. C'est pourquoi, sur l'ordre de son Seigneur magnanime, au lieu d'affirmer et d'attester d'autorité l'existence du Dieu Unique, il établit l'inconsistance des croyances de ces trois groupes en prenant à témoin l'apparition et le déclin de l'étoile, de la lune et du soleil, pour qu'ils se sentent interpellés, qu'ils se posent des questions et se rendent à la raison. C'est pourquoi il leur dit : « l'adoration et la soumission ne peuvent avoir pour

---

54. *Tafsir al-borhân* [1], vol. I, p. 531.

objet l'étoile, la lune ou le soleil ; seul le Créateur de l'étoile, de la lune et du soleil, le Créateur des cieux et de la terre, est digne d'être objet d'adoration et de soumission ». Nous voyons donc que cette démonstration qu'Abraham fit à son peuple lui fut inspirée par Dieu Très-Haut, comme d'ailleurs le confirment ces versets du Coran : « *Cette démonstration qui vient de nous, nous l'avons donnée à Abraham à l'intention de son peuple* ». Ma`mun dit alors : « *Que Dieu te comble de bienfaits, Ô descendant du Prophète !* ».

Pour ce qui est de la preuve de l'éternité et de l'advenue à l'être, on rapporte également ces paroles de l'Imâm Rezâ[55] :

Dieu Très-Haut créa le Trône, l'eau et les anges avant de créer les cieux et la terre, et les anges se fondaient sur leur propre existence ainsi que sur celles du Trône et de l'eau pour en déduire l'existence de l'Artisan divin. Puis Dieu établit son Trône à la surface des eaux afin de manifester aux anges sa toute-puissance. Les anges surent alors que son empire s'étend sur toutes choses, qu'Il éleva le Trône par sa propre puissance et le transporta et le disposa au-dessus des sept cieux ; qu'Il créa les cieux et la terre en six jours lors même qu'Il était souverain de son Trône et qu'Il aurait pu créer tout cela en un clin d'œil. Il fit sa création en six jours afin que soit manifeste, pour les anges, qu'Il crée chaque chose l'une après l'autre, progressivement, afin qu'ils en déduisent que l'advenue à l'être de tous les existants provient de l'Artisan divin par créations successives. Le Très-Haut n'a pas créé le Trône en fonction d'un besoin qu'Il aurait eu, parce qu'Il n'a aucun besoin ni du Trône, ni de l'ensemble des choses qu'Il a créées. On ne peut se représenter Dieu sur

---

55. Cf. *Tafsir al-borhân* [1], vol. II, p. 208 et *Kefâyat al-movahhedin* [9], vol. I, p. 23.

son *Trône parce qu'Il est exempt de corporéité, Il est au-delà et les attributs que Lui confèrent ses créatures ne sauraient rendre compte de sa suréminence. Quant au* logion *divin : « Pour qu'Il vous mette à l'épreuve, pour voir lequel d'entre vous est meilleur dans son comportement », il signifie qu'en vérité Dieu a créé les créatures pour les mettre à l'épreuve en leur prescrivant de Lui obéir et de L'adorer, et non dans un but d'expérimentation et de vérification, car Dieu éternel connaît toute chose. » Alors Ma`mun déclara : « Tu as répondu à ma question, Ô Abol-Hassan, puisse Dieu répondre à toutes tes questions ! »*

Sheykh Amir, un grand spirituel *Ahl-e Haqq*, a composé un poème en kurde[56] au sujet de l'advenue à l'être et de la pré-éternité, dont voici l'exégèse : nous sommes des voyageurs du chemin de l'advenance en route vers le Principe éternel. L'advenue à l'être, c'est l'instauration progressive des existants évoluant sur le parcours du perfectionnement dans l'espace et dans le temps ; quant au principe éternel, c'est Dieu, qui seul a été, est et sera de toute éternité. Assurément, nous ne sommes pas advenus à l'être de nous-mêmes (comme le pensent les tenants de l'éternité du monde), mais par la grâce de la volonté et de la toute-puissance de l'Être éternellement subsistant, omnipotent et vivant, le Souverain dont l'œuvre n'est jamais vaine, le Seigneur des mondes, le Souverain au Jour du Jugement. Tel un maître-tisserand, Il tisse et structure, par enchaînements successifs, la trame de la création, par l'entremise des apprentis que sont la causalité et la causativité, en mettant en œuvre les règles pré-établies qui régissent le fonctionnement du métier à tisser de la nature. En effet, c'est l'émanation de l'effusion de la grâce du Créateur qui a conçu l'ordonnancement structuré et sans faille de tout ce qui existe. Et nous autres, qui avons été créés par ce Créateur, soyons fidèles au pacte pré-éternel en nous empressant de tisser la trame de notre [propre] perfectionnement en vue

---

56. Cf. appendice 2.

d'accéder à la perfection, Principe de toute vérité, car « toute chose retourne à son origine ». Ainsi, en quelques vers, Sheykh Amir a-t-il établi que seul Dieu existe de toute éternité, que le créé est soumis à l'advenance, ainsi que la réalité du pacte créaturel (« ne suis-je pas votre Seigneur ? ») et les étapes du parcours du perfectionnement.

Ici prend fin le premier chapitre, dont l'objet était de démontrer l'existence de l'Artisan divin et dont l'argumentation apparaîtra suffisante aux lecteurs sages et éclairés. Avec l'aide de Dieu, passons maintenant au deuxième chapitre.

Chapitre Deuxième

DE L'ÂME

PREMIÈRE PARTIE : DÉFINITION DE L'ÂME (RUH) OU INTELLECT CÉLESTE (NAFS-E NÂTEQE)

De l'ensemble du contenu de l'exégèse coranique, des gloses des douze Imâms et des entretiens des théosophes, philosophes et théologiens, se dégage une définition générale de l'âme. L'âme ou intellect[57], est cette *chose* qui anime l'être ; source des perceptions, puissance d'action et de réaction, principe d'organisation et d'ordre, elle est dans le substrat de l'étant et dans la quiddité, dans la matière et dans la forme, dans la nature et dans la création de toutes les créatures ; l'âme est aussi définie comme « une substance subtile circulant dans le corps comme l'eau flue dans la fleur, et l'huile dans la graine de sésame ; ou encore comme le feu est présent dans la braise, et la clarté du jour dans l'atmosphère »[58].

---

57. ** Aristote parle de l'âme pensante ou de la partie de l'âme qui est principe de pensée (*De l'âme*, 431a14). L'intellect (*nous, intellectus*) est en ce sens une réalité substantielle. Sa destination étant de tout connaître, il est par nature « séparé » du corps, c'est-à-dire qu'il ne dépend d'aucun organe du corps en particulier. Il est donc supérieur au niveau sensible, et en conséquence incorruptible, immortel. Mais l'âme est plus généralement principe d'animation du corps, ou réalisation première de la vie que le corps a en puissance. La caractérisation de l'âme que propose Ostad Elahi semble envelopper ces deux orientations (fonction intellective, fonction d'animation).
58. *Kefâyat al-movahhedin* [9], vol. III, p.26 et p.28.

Deuxième partie : Genèse de l'âme

Il existe un grand nombre d'arguments de raison et de tradition portant sur la genèse de l'âme, en particulier de nombreux versets du Coran, ainsi que, dans les Traditions des Imâms, des commentaires répétés. Cependant, par souci de brièveté, nous nous contenterons ici de quelques citations :

Versets

1- ... *Il n'y a pas de doute que le Messie Jésus, fils de Marie, est le messager de Dieu, il est son Verbe déposé en Marie, une âme (ruh) [émanant] de Lui.* [IV, 171]

2- *Quand ton Seigneur dit aux anges : « D'une argile crissante [extraite] d'une boue fétide, Je vais créer un être humain - et lorsque J'en aurai parfait la forme et lui aurai insufflé de mon âme jetez-vous à ses pieds et prosternez-vous ! »* [XV, 28-29]

3- *On t'interrogera sur l'âme. Dis : « L'âme relève de l'Ordre de mon Seigneur et, en fait de science, vous n'avez reçu que peu de chose ».* [XVII, 85]

4- *Elle mit un voile entre eux et elle. Nous lui envoyâmes notre âme qui lui apparut sous la forme d'un être humain parfait.* [XIX, 17]

5- *Ensuite Il lui a donné une forme harmonieuse et a insufflé en lui de son âme et Il vous a dotés d'une ouïe, d'une vue, d'un cœur ; rarement vous Lui témoignez votre reconnaissance.* [XXXII, 9]

6- *Lorsque ton Seigneur dit aux anges : « Je vais créer d'argile un être humain – Quand j'en aurai parfait la forme et lui aurai insufflé de mon âme, prosternez-vous devant lui ».* [XXXVIII, 71-72]

7- Instaurateur des degrés élevés, le Maître du Trône envoie son âme selon ses ordres sur qui Il veut parmi ses serviteurs, afin d'avertir du jour de la rencontre. [XL, 15]

8- C'est ainsi que nous t'avons envoyé la révélation, une âme par notre Ordre. [XLII, 52]

9- ... Et Il les a fortifiés d'une âme émanant de Lui... [LVIII, 22]

TRADITIONS

Dans *Osul-e Kâfi* (chap. « De l'âme »), il est écrit :

1- Ahval rapporte qu'il interrogea un jour l'Imâm Sâdeq sur l'âme (ruh) qui fut insufflée en Adam et dont Dieu a dit : « Je lui ai donné forme et j'ai insufflé en lui de mon âme ». L'Imâm dit : « Cette âme est une créature, et l'âme qui était en Jésus était aussi une créature ».

2- Hamrân rapporte qu'il interrogea un jour l'Imâm Sâdeq sur la parole du Très-Haut concernant l'âme qu'il insuffla [en Adam]. L'Imâm dit : « Il s'agit de l'âme de Dieu qui est une créature ; Dieu la fit exister dans le corps d'Adam et dans Jésus ».

3- Muhammad Ibn Muslim rapporte qu'il demanda un jour à l'Imâm Sâdeq, à propos de la parole du Très-Haut « J'ai insufflé en lui de mon âme », comment s'était faite cette insufflation. L'Imâm répondit : « L'âme, comme le souffle, est en mouvement, et elle a été appelée 'âme' (ruh), qui est dérivé du mot 'souffle' (rih), parce que les âmes sont de la même substance que le souffle. Assurément, Dieu a marqué [l'âme d'Adam] comme sienne, car elle fut élue d'entre les autres âmes, tout comme Il a marqué comme siens une demeure, la Kaaba, qu'Il appelle 'Ma demeure', et un envoyé parmi les prophètes, Abraham, qu'il appelle 'Mon ami' [59]. *Et tous ces êtres ont été créés, ont pris forme, sont apparus et ont été maintenus [dans l'existence].* »

4- *Muhammad Ibn Muslim rapporte qu'il interrogea un jour l'Imâm Bâqer sur la tradition selon laquelle Dieu avait créé l'homme à son image. L'Imâm répondit :* « *Ce corps [humain] venait de prendre forme et d'être créé ; Dieu le distingua et le choisit parmi les formes multiples. Il le marqua comme sien ; de même qu'Il marqua comme sienne la Kaaba en disant : 'Ma demeure', Il marqua l'âme comme sienne lorsqu'Il dit : 'En lui j'ai insufflé de mon âme'* ».

Il ressort du contenu des versets et des Traditions évoqués ci-dessus, que l'âme (*ruh*), dont le nom est dérivé en arabe du mot souffle (*rih*), est une créature comparable à l'air ; c'est une créature issue de l'expir divin ou, en d'autres termes, un souffle de vie insufflé par la volonté du Créateur. Ainsi, le corps de terre qu'était Adam ne s'anima qu'à partir du moment où lui fut insufflé le souffle de l'âme.

Ces éclaircissements sur la création de l'âme en font voir aussi clairement la raison d'être : *tant qu'un corps n'est pas doté d'une âme, il ne peut s'animer ni se maintenir en vie.*

TROISIÈME PARTIE : DÉMONSTRATION DE L'IMMORTALITÉ DE L'ÂME

Pour ce qui est de l'immortalité de l'âme, nombreux sont les arguments de raison et de tradition qu'on trouve exposés dans les ouvrages spécialisés ; il serait trop long de les mentionner tous. Nous n'en retiendrons que ce qu'il faut pour qu'aucun doute ne subsiste dans l'esprit des lecteurs.

---

59. ** *Khalilollâh* : « ami de Dieu », c'est le titre spirituel d'Abraham.

ARGUMENTS DE RAISON

1) Étant donné que la Cause Première ou Origine pré-éternelle est immortelle et infinie, il est évident que l'effusion de Ses émanations lumineuses est également éternelle. Considérons, par exemple, les particules lumineuses [émanées] du soleil : elles envahissent tous les êtres et s'y reflètent, et tant que le soleil existera et se lèvera, ses particules lumineuses existeront aussi. De même l'air qui est fluide et pénètre toutes choses : il ne fait aucun doute que tant qu'il continuera d'exister, ses effets aussi persisteront. *Nous pouvons donc en conclure que les âmes sont immortelles, qui émanent de la Source de grâce suprême par la volonté et l'ordre de Dieu et qui sont venues et viennent à l'être à partir du souffle de sa toute-puissance.*

2) La corporéité que l'on peut constater chez tout existant, sous quelque forme ou aspect que ce soit, change et évolue sans cesse, entre le point initial de sa création et de son apparition en tant qu'être et le point final de son existence (ainsi le processus semence - œuf - embryon - fœtus - enfant - adolescent - adulte - vieillard, qui aboutit à la mort). Mais en revanche, l'ipséité ou soi primordial, qui forme la quintessence, la quiddité et l'individualité essentielle, non seulement ne disparaît pas, mais encore *est irréductible à l'influx vital, à la corporalité et aux organes du corps*. En d'autres termes, aucune des modalités du vivre et du mourir n'affecte la signification du terme *soi* car, dans une relation de détermination avec un *soi*, ces modalités sont toutes en position de déterminé par rapport au déterminant *soi* qui, en persan, prend la forme [du possessif] *mon*, [comme on le voit dans les expressions] *mon* énergie vitale, *mon* corps, *mes* organes, *ma* vie, *ma* mort, etc[60].

---

60. ** Le nerf de l'argument consiste ici à considérer l'âme en tant qu'elle constitue l'ipséité du soi et donc le sujet de tous ses attributs. Ostad Elahi dit aussi : « L'une des raisons qui prouvent l'existence de l'âme est que nous disons toujours : *ma* main, *mon* pied, *mon* œil, etc. Cela signifie qu'il y a un moi distinct de tous les membres, et que ceux-ci lui appartiennent. Qui est ce moi ? Moi, c'est justement l'âme. Mais nous disons aussi 'mon âme'. Qui donc est ce moi-là, auquel l'âme elle-même appartient ? » (*Âsâr al-Haqq* [15], I,

Ainsi donc, en portant notre attention sur ces points précis, nous arrivons à cette conclusion que *l'âme est une chose éternelle*, et qu'elle ne disparaît pas avec la décomposition et l'anéantissement du corps.

3) Chez les êtres - humains ou autres - capables d'imagination et d'intellection, il peut arriver, lorsque leur intellect est concentré sur un sujet particulier, qu'ils en oublient les organes de leur corps, mais en aucun cas ils ne se départiront de la conscience de leur *soi*.

4) Il y a une différence flagrante entre dysfonctionnement du corps et dysfonctionnement du *soi*, à preuve un fou sain de corps, un savant malade, etc.

5) *Les facultés qui caractérisent l'intellect céleste, telles que la connaissance, la compréhension, le discernement, le raisonnement, la volonté et le libre-arbitre*, ne peuvent être attribuées à aucune des parties du corps, qui ne sont que les instances d'exécution de la volonté de l'intellect céleste, les instruments de l'agir et du non agir.

ARGUMENTS DE TRADITION

Les documents les plus probants à cet égard sont des versets du Coran, parmi lesquels on peut citer les suivants :

> 1- *Nous avons créé l'homme d'un extrait d'argile - puis nous avons produit une goutte de sperme, déposée en un réceptacle sûr - Nous avons transformé la goutte de sperme en liant, et celui-ci en un embryon dont nous avons fait une ossature que nous avons revêtue de chair. Nous l'avons ensuite transformé en une toute autre création. Béni soit Dieu, le meilleur des créateurs ! - Et, en vérité vous mourrez ensuite - pour être ressuscités, le Jour de la Résurrection.* [XXIII, 12-16]

---

n° 391). Les arguments suivants développent cette ligne « phénoménologique » à partir des propriétés de l'expérience intérieure.

Cela signifie qu'après avoir énuméré, de la semence à la chair, les différentes phases de la création de la corporéité, Dieu précise que la création de l'âme est distincte de celle du corps en énonçant les étapes suivantes : « *Nous l'avons ensuite transformé en une tout autre création, etc.* »

2- ... *Lorsque Dieu dit : « Ô Jésus, je vais certes te rappeler, t'élever vers moi... ».* [III, 55]

Cela signifie que le corps, constitué d'éléments matériels, est ce qui meurt, et que ce qui demeure pour remonter vers Dieu, est assurément l'âme.

3- *Ne pense point que ceux qui sont tombés pour la cause de Dieu sont morts. Ils sont, au contraire, vivants auprès de leur Seigneur et comblés de faveurs.* [III, 169]

Ce qui signifie que la chose qui est détruite est le corps, et que ce qui est éternellement vivant et qui bénéficie de l'effusion de la grâce du Créateur, c'est l'âme.

4- ... *[Les adversaires pensèrent :] Nous avons tué le Messie Jésus... Or ils ne l'ont pas tué, c'est certain.* [IX, 157]

Cela signifie que les adversaires du Christ virent que le corps avait été tué ; or on ne peut jamais faire mourir l'âme, c'est une certitude.

5- *Ne sont pas gens du Livre ceux qui ne croient pas en lui [Jésus] avant de mourir ; au Jour de la Résurrection, il témoignera contre eux.* [IV, 159]

Cela signifie que le manque de foi avant la mort concerne l'âme, qui est éternelle, sinon quel sens aurait le témoignage au Jugement dernier ?

> *6- Il est Tout-Puissant, au-dessus de ses créatures. Il vous envoie des gardiens afin que lorsque la mort survient pour l'un d'entre vous, nos préposés reçoivent son âme, ne laissant rien échapper - Les âmes seront rendues à Dieu, leur vrai Maître. Le jugement n'est-il pas à Lui ? Lui, le plus prompt des comptables ?* [VI, 61-62]

Cela signifie que ce qui disparaît, c'est le corps, et ce qui est rappelé pour être jugé, c'est l'âme. Le contenu de ce verset – *Les âmes seront rendues à Dieu, leur vrai Maître* – est interprété dans la tradition comme faisant allusion à « l'appréhension que l'âme ressent à être dévoilée »[61].

> *7- Nous créons l'humain de sperme mêlé ; nous l'éprouvons puis nous le rendons audiant et voyant.* [LXXVI, 2]

Cela signifie que c'est assurément l'intellect céleste, et non le corps et ses organes, qui sera interrogé sur l'observance des prescriptions et interdictions divines, et que c'est lui qui possède les qualités d'audition et de vision.

Ces quelques arguments de raison et de tradition qui fondent la démonstration de l'immortalité de l'âme suffiront à ceux qui sont familiers de la connaissance [spirituelle] et de la vision intérieure. J'espère qu'ils seront accueillis favorablement par ceux qui connaissent la question. « Seul Dieu connaît les vérités des choses ».

---

61. *Kefâyat al-movahhedin* [9], vol.III, p.38.

Chapitre Troisième

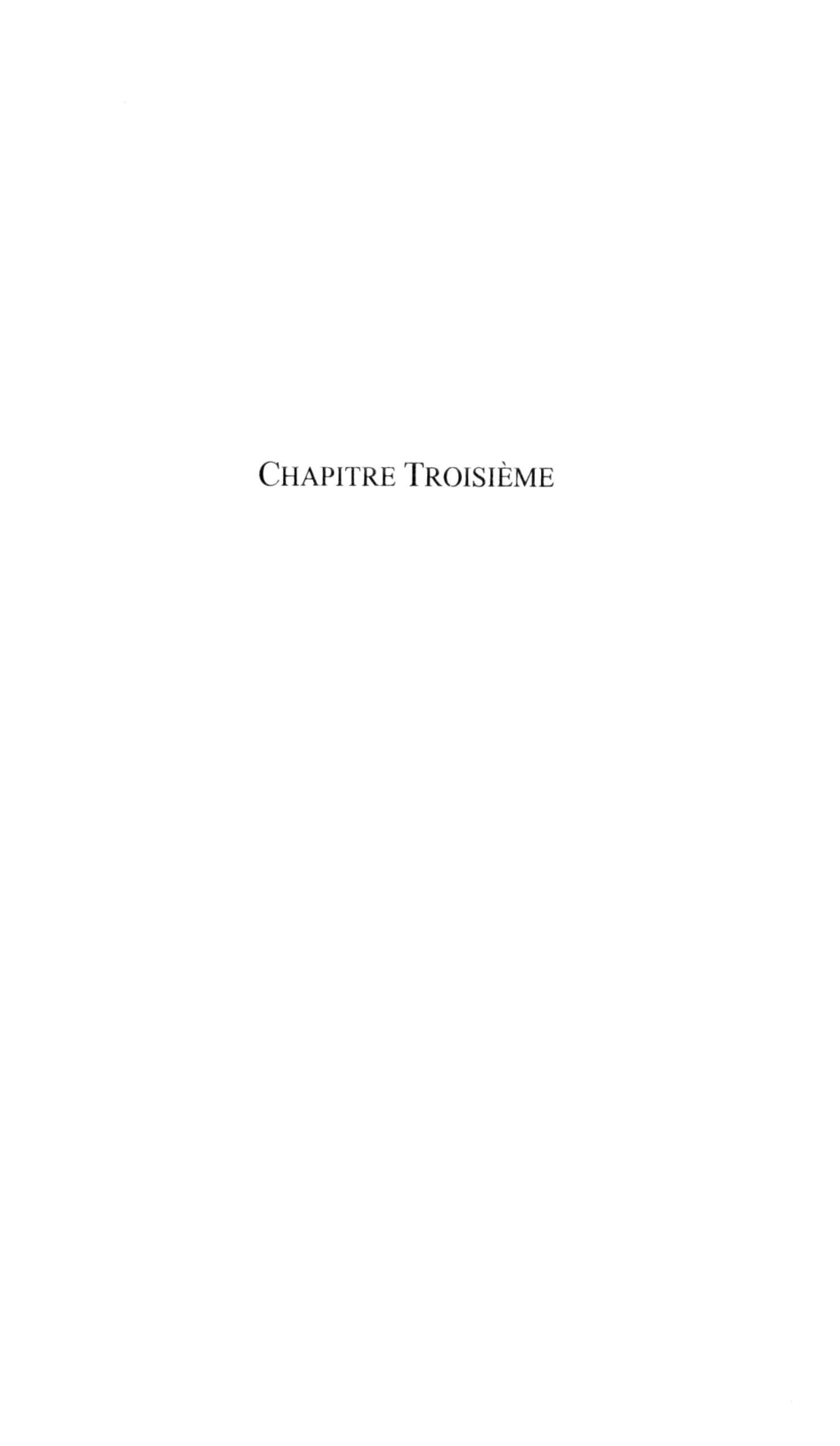

La Résurrection et le Retour au lieu du Retour éternel[62]

Il s'avère nécessaire, avant d'entrer dans le vif du sujet, de donner une définition des termes de « résurrection après dislocation » [*hashr o nashr*] et de « retour au lieu du Retour éternel » [*mo`âd dar ma`âd*] afin d'en faciliter la compréhension. On ne considérera cependant, parmi les significations multiples que revêtent ces mots, que celles qui concernent notre propos.

1) ***hashr*** : c'est le rassemblement, le regroupement et, au sens théologique, la résurrection des morts au Jour du Jugement dernier que l'on appelle aussi Jour de la Résurrection.

2) ***nashr*** : c'est la dislocation, la dispersion et, au sens théologique, la résurrection des morts après que les corps ont été disloqués.

3) ***mo`âd*** : c'est le retour au lieu où l'on doit retourner.

4) ***ma`âd*** : c'est le lieu du retour et, au sens théologique, le Retour au séjour éternel ; ou encore le retour des âmes dans les corps terrestres originels constitués d'éléments matériels, en vue du dénombrement de leurs actes bons et mauvais et de leur rétribution, qu'il s'agisse de récompense ou de châtiment.

---

62. ** Cette question est déjà traitée par Avicenne, *op.cit.*, IX, 7, p.157sq.

Ces définitions étant posées, il paraît nécessaire de clarifier la question de l'immortalité de l'âme et de son retour au séjour éternel. Il est évident que le problème posé par le Retour ne pourra être élucidé tant que les quatre principes [qui répondent aux questions suivantes] n'auront pas été correctement saisis :

1) D'où procède l'exister des existants et par quelle médiation viennent-ils à l'être ?

2) A quelle fin les existants ont-ils été existentiés ?

3) Quels devoirs incombent à chaque existant pendant la durée de son existence, compte tenu du degré de son entendement ?

4) Quelle est la destination finale des existants ou, en d'autres termes, qu'advient-il de chacun d'entre eux ?

Et puisque chacun de ces quatre principes est vérifiable à partir des quatre modalités causales (cause efficiente - cause matérielle - cause formelle - cause finale[63]), il nous faut à présent rappeler la signification de chacune de ces quatre causes.

LES QUATRE CAUSES

1) La cause efficiente : aucun être (excepté l'Être nécessaire) n'est venu ni ne viendra jamais à l'existence de manière spontanée ; il ne peut être que le *causé* d'une *cause* agente efficiente[64].

2) La cause matérielle[65] : la création de tout objet nécessite une matière adéquate à cet objet. Comme le bois est une matière adéquate aux travaux de menuiserie, ou la laine et le coton au tissage et au tricot, etc. Si le déterminant « adéquat » a été adjoint au mot « matière », c'est qu'aucune matière ne possède

---

63. ** Ces modalités de la cause sont reprises à Aristote, *Physique*, II, 3. Ostad Elahi va les détailler dans leur rapport à un événement précis, celui de l'existentiation d'un être.

64. ** C'est la relation de l'agent (« ce dont vient le premier commencement du changement et du repos », pour reprendre Aristote) et de ce qu'il cause, autrement dit de ce qui produit le changement et de ce qui le subit.

65. ** « Ce dont une chose est faite et qui y demeure immanent », ainsi le bronze dont est faite la statue (Aristote).

l'adéquation absolue qui la rendrait adéquate à n'importe quel objet, de même que n'importe quelle pierre ne peut devenir rubis ou agate.

3 & 4) Les causes formelle et finale[66] : l'agent-auteur, à partir d'une matière adéquate à son dessein, crée une forme à la structure spécifique, pour une fin spécifique que l'on appelle la cause finale. Ainsi, la construction d'une chaise pour s'asseoir, le tissage d'un tapis pour l'étendre ou d'une étoffe pour se vêtir, etc.

SENS DES QUATRE PRINCIPES

1) Les existants, tirés du non-être par l'effusion de la grâce de l'Être nécessaire, viennent à l'existence par l'intermédiaire des causes et des effets, car c'est le propre du flux de la grâce qui s'origine dans l'essence de l'Être nécessaire que de s'épancher dans la création des êtres, tout comme c'est le propre du soleil que de répandre sa lumière, avec cette différence que l'effusion de l'Être nécessaire a lieu de par la volonté divine et qu'elle est don, tandis que la lumière du soleil se répand de manière naturelle et déterminée.

2) *L'existentiation des existants a pour finalité d'attester et de prouver l'existence de l'Essence éternelle, ainsi que de rendre possible la connaissance qui permet d'atteindre le but, à savoir la perfection.* Car sortir du non-être et advenir à l'être, puis

---

66. ** Pour Aristote (*Physique*, II, 3), la cause formelle est « la forme et le modèle », sur laquelle on peut construire la définition de la chose (ainsi le rapport 2/1 est la formule de l'octave). La cause finale est « la fin ou but », comme la santé pour la promenade. La forme désigne à la fois la configuration sensible et, dans un registre plus abstrait, la nature intime, le plan ou la structure de la chose. Aristote souligne fréquemment l'identité de la forme (cause formelle) et de la cause finale. Si la forme est le plan qui structure la nature d'un produit particulier, la cause finale est ce même plan considéré comme devant être réalisé, elle est le but vers lequel tend cette nature. Mais par son caractère « moteur », la cause finale peut aussi être identifiée à la cause efficiente. Les quatre causes ne sont donc pas des principes d'action indépendants, mais des conditions nécessaires (et non suffisantes séparément), ou encore des dimensions de la causalité en général : toutes ces quatre causes sont nécessaires à la production d'un effet quelconque.

s'exhausser de l'étant à la perfection de l'être, pour ensuite, de la perfection de l'être, rejoindre l'Être nécessaire, c'est là le point culminant de l'effusion de la grâce divine et de la perfection que Dieu a en vue pour les créatures. Si Dieu a dit : « J'étais un Trésor caché ; j'ai aimé à être connu ; alors j'ai créé les créatures afin d'être connu »[67], c'est bien dans cette perspective ; car Il est parfaitement libre de toute dépendance, et Il n'a nul besoin de créer les créatures dans le but de se faire connaître.

3) *Pendant la durée de son existence, le devoir de chaque existant est de faire des efforts dans le but de parcourir les étapes de son propre perfectionnement et ce, en fonction de son degré d'entendement et de ses possibilités physiques, et à condition que cela ne donne pas lieu à des contraintes insupportables ou à des obligations intolérables.* N'est-il pas dit dans le Coran :

> Dieu n'impose rien à personne qui soit au-dessus de ses forces. [II, 286]

Et

> ... Rien ne reste à l'homme hormis ses efforts - ses efforts seront bientôt pris en considération. [LIII, 39-40]

4) Quelle est la destination des existants ? Notons que pour connaître la destination de chaque existant, il faut déjà savoir d'où il vient. En d'autres termes, pour savoir où l'on va, il faut savoir d'où l'on vient.

La connaissance de l'origine étant subordonnée à la connaissance de l'étant et du mouvement transsubstantiel qui préside au perfectionnement de son essence, il convient de présenter brièvement ce qui suit : chaque existant ne vient à l'existence que lorsque toutes les conditions nécessaires à sa venue sont réunies en lui ; ainsi, à l'origine de l'apparition de toute chose, l'acte d'être de sa quintessence consiste à être instauré dans

---

67. ** Tradition prophétique célèbre qui a souvent été citée et commentée dans la tradition de la mystique islamique.

l'être par l'Impératif de la volonté de l'Être nécessaire qui le tire du non-être par l'intermédiaire du possible entre l'être et le non-être, pour se voir attribuer la « choséité ». Cette « choséité », dans le vocabulaire des théologiens, est nommée « âme », définie comme une chose subtile et séparée[68] de la matière et de la forme. Or *le point ultime du processus de perfectionnement de toute créature est atteint lorsque sont réunies en elle les qualités et les empreintes des caractères de la totalité des espèces créées, depuis le principe-origine du monde supérieur jusqu'à la pointe extrême du monde inférieur, lui conférant ainsi l'alliage parfait* ; il est clair que la créature arrivée à ce point atteint la vraie réalité, trouve la perfection dans l'union avec le Très-Haut et retourne au séjour éternel. Comme il est dit dans le Coran :

> ... *Nous sommes de Dieu et c'est à Dieu que nous retournerons.* [II, 156]

Et aussi :

> *Toute âme goûtera la mort et vous serez ramenés vers nous.* [XXIX, 57]

Ou encore :

> *Dieu commence et recommence la création. Vous serez, ensuite, ramenés à Lui.* [XXX, 11]

Nombreux sont les versets qui expriment la même idée[69].

Conformément à ce qui vient d'être dit, il est nécessaire pour le processus du perfectionnement que dès son apparition première au niveau de l'arc descendant, chaque existant parcoure tous les degrés de cet arc, car tout mouvement du supérieur vers l'inférieur est inévitablement orienté vers le bas.

Une fois parcouru l'arc de la descente, l'existant doit parachever son mouvement circulaire en gravissant l'arc de la

---

68. Séparation relative, car seul Dieu en est séparé de manière absolue ; pour ce qui est des autres « immatériels », ils sont séparés de la matière et de la forme mais non des autres accidents.
69. Cf. Appendice 3, la liste des autres versets du Coran (une cinquantaine environ).

remontée, sans quoi son existence serait déficiente et vaine, comme le serait la forme géométrique du cercle si son tracé ne suivait pas le mouvement courbe du compas qui détermine le rayon à partir du point central. Si, au départ, la trajectoire de l'être s'accomplit du haut vers le bas, c'est qu'en son point initial elle est reliée à la volonté de l'Être nécessaire qui est la Source suprême. C'est pour cette raison qu'il faut que l'immatérialité relative[70] passe par toute la hiérarchie des causes et des causés en se transformant, par l'entremise de la *materia prima* en substrat matériel, en matière corporelle et forme, et ainsi jusqu'au dernier échelon de la descente. Ensuite, lestée de toute la charge des effets accumulés au cours de la descente, la créature entreprend de gravir successivement tous les échelons du perfectionnement qui mènent aux mondes supérieurs, jusqu'à ce qu'elle franchisse les étapes célestes du *malakut, jabarut, lâhut* et *hâhut*[71] et qu'elle acquière la perfection ultime. Ce processus est comparable [au cycle des études] : l'homme a la capacité de s'instruire, et pourtant, si à l'école il ne suit pas l'enseignement progressif dispensé de classe en classe depuis le cycle primaire jusqu'au cycle supérieur, il ne pourra jamais acquérir une instruction suffisante. C'est donc dans cette perspective que l'on peut comprendre ce que signifient la Résurrection et le Retour à l'origine et ce que

---

70. Immatérialité relative car l'immatérialité absolue, ainsi que cela a déjà été signalé, ne s'applique qu'à Dieu.
71. ** Ces étapes (pour lesquelles il n'existe pas de mots équivalents en français) correspondent à des états spirituels que Ostad Elahi définit ainsi dans *Borhân al-Haqq* [13], p. 140-141 : « La deuxième étape [après l'étape de l'exotérisme où la prière reste un acte rituel] est l'étape à laquelle l'oraison est libérée des contraintes corporelles et verbales, alors elle pénètre dans le cœur. Le résultat en est la présence du cœur et l'illumination spirituelle. Elle est plus vaste et plus élevée que l'étape précédente. En d'autres termes, c'est l'état (ou 'monde', *`âlam*) du *malakut* ('céleste') [...]. La troisième étape est l'étape à laquelle l'oraison s'élève du cœur vers l'Intellect céleste, lorsque l'être est libéré des contingences de la matière et de la forme. Alors, dans la pure immatérialité, elle parcourt l'état du *jabarût*. [...] La quatrième étape est l'étape à laquelle l'être se perd à lui-même et se fond comme une goutte d'eau dans l'Océan sans rivage de l'unicité divine. Alors son âme est reliée à la source primordiale du Vrai. Cette étape est l'étape du Vrai et correspond à l'état du *lâhut*. [...] Et cette étape-là aboutit à l'état du *hâhut* qui comprend lui-même trois étapes avant la perfection. C'est après les avoir parcourues que l'être pourra bénéficier de la grâce éternelle, ce qui est indescriptible et inimaginable. »

représentent les notions de récompense et de châtiment, de mérite et de péché. *A Dieu appartient la connaissance !*

A présent qu'ont été évoquées les implications de la doctrine du Retour à l'origine, et aussi qui elles concernent, nous allons nous consacrer à l'essentiel de la question, en excluant d'office, parce que cela déborde notre propos, le point de vue de ceux qui ne croient en aucune forme de résurrection, comme les matérialistes et tous ceux qui affirment qu'avec la mort tout disparaît.

La Résurrection, qui est l'étape ultime et l'ultime lieu du Retour et du Jugement des âmes ressuscitées après la mort en leur séjour éternel, a été interprétée et décrite de différentes manières ; si bien que ceux qui croient en la Résurrection se répartissent en différents groupes, parmi lesquels [on compte] les suivants :

1) Les tenants de la résurrection purement corporelle ;

2) Les tenants de la résurrection purement spirituelle ;

3) Les tenants de l'harmonisation entre résurrection corporelle et résurrection spirituelle ;

4) Les adeptes de la doctrine du *perfectionnement* ;

5) Les tenants de la métempsycose qui se divisent en plusieurs branches que nous passerons en revue au chapitre 8 ;

6) Les indécis[72] qui hésitent à se faire une opinion ferme. Ils croient en la Résurrection mais ils s'abstiennent de trancher avec certitude en faveur d'une des positions précédentes.

Ainsi, puisque ce que disent les indécis n'aboutit à aucune position précise, nous n'en tiendrons pas compte et nous nous bornerons à évoquer brièvement les origines des croyances des cinq autres groupes.

---

72. Comme par exemple, Galien et ses disciples.

Chapitre Quatrième

LA RÉSURRECTION PUREMENT CORPORELLE

C'est la thèse que soutiennent la plupart des théologiens, docteurs et représentants officiels des religions du Livre, qu'ils [se fondent] sur l'Ancien Testament, les Evangiles ou le Coran. Outre la lettre du Coran, les Musulmans reconnaissent également l'autorité des traditions et des paroles prophétiques rapportées par les saints Imâms.

Ils disent : les gens du Livre, en se fondant sur la lettre des Livres saints et sur la chaîne des traditions, s'accordent tous sur le fait que la croyance en la résurrection des corps est l'une des exigences fondamentales de la religion, et que sa négation est une manifestation d'impiété. Le Coran, en particulier, est à ce point explicite en ce qui concerne la Résurrection, qu'il n'y a pas lieu d'interpréter autrement les versets qui se rapportent à cette question. C'est pourquoi les raisonnements de certains philosophes, qui s'appuient sur l'impossibilité de rétablir à l'être ce qui a été anéanti[73], qui ont recours à l'argument du prédateur et de la proie, ou qui en appellent à l'évidence empirique, etc., sont injustifiés et demeurent sans effet. Bien au contraire, si l'on accorde que le Créateur a toute puissance pour existencier les créatures, il n'y a rien qui s'oppose à ce qu'Il puisse rétablir à

---

73. Cf. Appendice 4.

l'être ce qui a été anéanti ou résoudre, entre autres, le problème que pose l'argument du prédateur et de la proie.

D'autre part, le fait que le substrat originel, ou substance essentielle, ou encore ipséité de l'existant ait été existencié à l'origine à partir du non-être, mérite considération. En effet, s'il est vrai que l'âme subsiste par-delà la destruction du corps, ce substrat originel ne s'anéantit pas avec le corps, de sorte qu'il n'y a plus lieu de se préoccuper de la possibilité ou de l'impossibilité du rétablissement à l'être. Car de même qu'à l'origine, ce substrat originel issu du non-être est venu à l'être, a pris forme en un corps par la volonté du Tout-Puissant de même, par cette seule volonté, il reprendra forme en un corps redevenu vivant. A ce propos, on rapporte la parole suivante[74] :

> *On demanda à l'Imâm Ja`far Sâdeq : « Est-ce que le cadavre se corrompt ? » Il répondit : « Oui, dans la mesure où sa chair et ses os ne subsistent pas, contrairement au substrat originel à partir duquel il a été créé. En vérité ce substrat ne se corrompt pas et se conserve dans la tombe sous une forme [potentiellement] récurrente (*estedâreh*), jusqu'à ce que Dieu, à partir de ce substrat, ressuscite l'être tout comme Il l'avait créé à l'origine. »*

Du reste, les grands prophètes sont tous unanimes sur cette question du rassemblement et de la résurrection des corps, et il serait contradictoire de croire aux prophètes et de nier en même temps la résurrection des corps.

Bref, les preuves et les arguments avancés par les tenants de la résurrection corporelle sont nombreux, mais ils sont suffisamment connus pour qu'il ne soit point nécessaire de les rappeler ici. Au besoin, il est toujours possible de consulter les ouvrages traitant de cette question. On se contentera ici de citer quelques uns des versets du Coran sur lesquels s'appuient les

---

74. Voir *Osul men al-kâfi* [5] vol. I, p. 251 ; *Bahâr al-anvâr* [6], vol. III, p. 201 ; *Kefâyat al-Movahhedîn* [9], vol. III, p. 59 et réfutation de la métempsycose, p. 104.

tenants de la résurrection corporelle et que Majlesi a rappelés dans le tome III des *Bahâr al-anvâr* (chapitre sur « Les preuves de la Résurrection »)[75]. On compte en tout 288 versets[76] traitant de cette question.

Rappelons simplement que ceux qui croient en la résurrection des corps se divisent à leur tour en deux groupes :

PREMIER GROUPE

Ils disent : le Très-Haut reconstitue par sa toute-puissance les membres des créatures après leur anéantissement[77], en vertu du principe selon lequel « chaque chose reste elle-même »[78]. Ils s'appuient en cela sur plusieurs versets du Coran, dont les suivants :

> *Tous vous retournerez à Lui ; la promesse de Dieu est vraie ; en vérité Il commence la création puis Il la fait retourner...* ;

Et aussi :

> *... Dis : « Dieu commence la création, puis Il la fait retourner... »* [X, 4 et 34]

> *... Ils diront : qui est donc celui qui nous fera retourner ? Dis : Celui-là même qui vous a créés la première fois...* [XVII, 51]

> *C'est d'elle [la terre] que nous vous avons créés et c'est en elle que nous vous ferons retourner. D'elle nous vous ferons sortir une fois encore.* [XX, 55]

> *Ce jour où nous roulerons le ciel comme on roule le parchemin sur lequel on a écrit, de même que nous avons commencé la création, nous la ferons retourner,*

---

75. *Op.cit.* p. 187 et p. 190
76. Pour une liste complète des versets cités, voir appendice 5.
77. *Bahâr al-anvâr* [6], vol. III, p. 202.
78. Littéralement « lui reste lui et elle reste elle ».

c'est une promesse que nous avons faite, et nous la remplirons... [XXI, 104]

Celui qui commence la création et qui ensuite la fait retourner... [XXVII, 64]

Ne voient-ils pas comment Dieu commence la création puis la fait retourner ? En vérité, cela est facile pour Dieu. [XXIX, 19]

Dieu commence la création, puis Il la fait retourner, et c'est à Lui que vous serez ramenés. [XXX, 11]

C'est Lui qui commence la création, puis Il la fait retourner, et cela Lui est très aisé... [XXX, 27]

En vérité, c'est Lui qui commence et fait retourner. [LXXXV, 13]

Deuxième groupe

Selon eux, le Très-Haut fait mourir les créatures, et leurs membres se dispersent. Puis, Il rassemble ces membres dispersés et leur rend la vie exactement comme auparavant, dans les mêmes proportions et avec les mêmes caractères (selon le principe « chaque chose reste elle-même ») : Il leur rend la même apparence et le même état que pendant la durée de leur vie[79]. Car de même que Dieu a la puissance de créer la créature dès l'origine, et de lui faire subir pendant toute la durée de sa vie les transformations qui la font passer par les étapes de l'embryon, du fœtus, de l'adolescence, de la jeunesse, de la vieillesse, de la mort et du retour [à la terre], de même, Il a la puissance de reconstituer les corps dispersés avec leurs particularités.

Pour appuyer son opinion, ce second groupe se réfère également au Coran et en particulier aux versets suivants :

---

79. *Bahâr al-anvâr* [6], vol. III, p. 202.

Lorsqu'Abraham dit : « Seigneur, montre-moi comment tu fais revivre les morts », Dieu lui répondit : « N'as-tu pas encore la foi ? ». Il dit : « Si, mais c'est pour que mon cœur acquière la certitude ». « Prends, dit le Seigneur, quatre oiseaux, découpe-les et mets-en un morceau sur chaque montagne, puis rappelle-les. Ils accourront vers toi. Sache que Dieu est tout-puissant et sage. [II, 260]

Qu'en sera-t-il lorsque nous les rassemblerons au jour sur lequel il n'y a pas de doute... ? [III, 25]

Dieu, il n'y pas de Dieu hormis Lui, Il vous rassemblera assurément au jour de la Résurrection sur lequel il n'y a pas de doute. [IV, 87]

Demande-leur : A qui appartient ce qui est dans les cieux et sur la terre ? Ajoute : A Dieu qui s'est prescrit la miséricorde, jusqu'à ce qu'Il vous rassemble au jour de la Résurrection sur lequel il n'y a pas de doute. Ceux qui auront œuvré à leur propre perte seront ceux qui n'auront pas cru. [VI, 12]

Ce jour-là, nous laisserons les uns déferler comme une vague sur les autres, et la trompette sonnera et nous les rassemblerons tous. [XVIII, 99]

Dis : Dieu vous donne la vie, puis vous fait mourir, puis vous rassemble au jour de la Résurrection sur lequel il n'y a aucun doute. Mais la plupart des gens ne savent pas. [XLV, 26]

Chapitre Cinquième

LA RÉSURRECTION PUREMENT SPIRITUELLE

C'est l'opinion[80] de la plupart des philosophes et des péripatéticiens. Ils s'accordent à dire que leurs recherches, fondées sur le commentaire et l'interprétation des textes sacrés et des doctrines mystiques qui en découlent, mènent, en résumé, aux conclusions suivantes.

De leur point de vue, « lorsque l'âme quitte le corps, et que le réceptacle corporel est anéanti, ce qui subsiste et demeure, c'est l'âme, c'est-à-dire l'intellect céleste ». En d'autres termes, ce qui en aucune façon ne saurait disparaître, c'est le substrat originel du noyau existentiel, l'ipséité du soi et l'exister de l'existence. Car il est évident qu'après la rupture du lien qui rattache l'âme au corps et après l'anéantissement corporel qui en résulte, ce corps qui a cessé d'exister ne ressuscitera pas sous sa forme originelle. En effet, les lois de la nature aussi bien que la raison nous enseignent qu'il est impossible que ce qui a été anéanti se reconstitue. Et s'il est vrai que *Dieu est tout-puissant et qu'Il commande toute chose, jamais cependant Il n'exerce sa volonté pour réaliser ce qui est absurde et impossible.* Or les lois de la nature, qui ont elles-mêmes été instituées par ce Dieu tout-puissant en vertu de sa sagesse et de sa justice afin de maintenir l'ordre de l'univers, exigent que *la trajectoire déterminée pour chaque chose soit immuable.* En réalité

---

80. Kefâyat al-movahhedin [9], t. III, p. 4.

donc, seule l'âme subsiste éternellement. Comme le rapporte Majlesi dans *Bahâr al-anvâr*, d'après le *Shâreh al-maqâsed* : « Les philosophes et les théologiens sont d'accord pour dire qu'il y a une résurrection, mais leurs points de vue divergent quant aux modalités de cette résurrection. Pour les philosophes il n'y a qu'une résurrection de l'âme car ils sont d'avis que le corps (en tant que forme matérielle et accident) s'anéantit et ne ressuscite pas. En revanche, l'âme, qui est une substance immatérielle, ne s'annihile pas et, après la rupture de ses liens, retourne au monde des immatériels. »[81] Comme il est dit dans le Coran : « Nous sommes de Dieu et à Dieu nous retournerons »[82]. Une fois admise la surexistence de l'âme[83], il devient clair que la rétribution (récompense ou châtiment) qui découle des actes bons ou mauvais de chacun, correspond à des sensations (*nasha`ât*)[84] particulières dans le monde spirituel :

« Les âmes bienheureuses et les justes » jouissent éternellement de la sensation des plaisirs correspondant aux vertus qu'elles ont acquises dans ce monde et ce, conformément à l'idée qu'elles s'en étaient formée. Cet état correspond à l'interprétation que ces penseurs donnent du paradis éternel[85].

« Les âmes des damnés et des réprouvés » sont éternellement tourmentées par la sensation de souffrance et de honte

---

81. *Bahâr al-anvâr* [6], t.III, p.203.
82. Coran, II, 156.
83. Voir Chap. II, 3.
84. ** Le terme *nash`e* (pl. *nasha`ât*) est extrêmement difficile à rendre en français du fait de sa polysémie. Tantôt *nash`e* intervient dans des contextes où il doit être compris comme état intérieur, disposition, mode de perception ou sensation (généralement de plaisir mais aussi bien de peine). Tantôt il indique la disposition propre, au sens de condition, d'état ou de réalité créationnelle, et même de création tout court. Le mot « état » porte bien en français cette double orientation (on parle d'état d'esprit, au sens d'une disposition affective ou intellectuelle, mais aussi de l'état d'une situation). Cependant, la généralité de ces mots ne permet pas toujours de suggérer les notions auxquelles l'original persan (ou arabe pour ce qui est des versets tirés du Coran) renvoie dans des contextes précis. Dans la plupart des cas, on a essayé de s'en tenir à « sensation » qui semble ici la traduction la plus adaptée. Il s'agit en effet, essentiellement des sensations de l'âme dans l'autre monde. C'est aussi l'usage qu'en fait Avicenne dans *La métaphysique du Shifâ*, *op. cit.*, t.II, IX, « Du retour », p. 157sq.
85. *Kefâyat al-movahhedin* [9], t. III, p.4.

correspondant à l'ignorance et aux vices accumulés en ce monde.

Cet état correspond à l'interprétation qu'ils donnent de l'enfer éternel[86] dont il est dit dans le Coran :

> *En vérité, quiconque se présentera en criminel devant son Seigneur aura [pour séjour] la géhenne où il ne meurt ni ne vit.* [XX, 74]

Et ailleurs :

> *[Il] aura à affronter le plus grand feu/ où il ne pourra ni mourir ni vivre.* [LXXXXVII, 12-13]

D'ailleurs, certains versets du Coran témoignent de l'existence de ces sensations spirituelles :

> *Dis : parcourez la terre et voyez comment Il a commencé la création, puis Dieu a fait être les sensations de la résurrection. En vérité, Dieu est omnipotent.* [XXIX, 20]

> *A Lui incombe l'autre création [*nash`e*].* [LIII, 47]

> *Certes vous connaissez la première création [*nash`e*] ! Que ne réfléchissez-vous pas !* [LVI, 62]

Il faut savoir que ces sensations sont de deux sortes.

PREMIÈRE CATÉGORIE

Il s'agit des « sensations (*nasha`ât*) vitales universelles » qui sont les mêmes pour toutes les créatures dans ce monde et dans l'autre. La position sur l'échelle des existants, les différences hiérarchiques, les écarts qualitatifs et quantitatifs spécifiques à chaque créature n'ont donc aucune incidence sur elles. Font partie de cette catégorie l'influx vital, le mouvement transsubstantiel qui anime le perfectionnement, la sensation de soi, l'instinct de conservation, les facultés irascible et concupiscible, la faculté de rechercher l'utile et de rejeter le

---

86. *Ibid.*, t. III, p. 4.

nuisible, la sensation du plaisir et de la douleur, la sensation de la mort et de l'âme se séparant du corps pour rejoindre l'autre monde... Si les existants bénéficient tous des mêmes sensations vitales universelles, c'est parce qu'à l'origine, ils ont tous été [tirés] du néant par la volonté du Créateur, et qu'ils ont chacun un début et une fin en vertu des lois créationnelles et des exigences naturelles de l'âme et du corps propres à l'ensemble des créatures, quel que soit leur niveau. A ce propos il est dit dans le Coran :

> ... *Chaque groupe exulte de ce qu'il a.* [XXIII, 53 ; XXX, 32]

Deuxième catégorie

Ce sont « les sensations spirituelles individuelles ». Il y en a autant qu'il y a d'individus dans l'univers et l'effet de ces sensations se manifeste en chaque créature en fonction de sa qualité, de sa valeur et de la compréhension particulière qui lui est propre. D'ailleurs pour ce qui est de la planète Terre, dans les versets coraniques où il est question de la Résurrection des êtres humains, il est aussi fait allusion à la résurrection des animaux et des autres créatures ainsi qu'au retour à leur lieu de résurrection. Il est dit entre autres :

> *Il n'est de bête sur terre, ni volatile, qui ne forment, comme vous des communautés. Nous n'avons rien négligé dans le livre [de la prédestination]. Puis, tous retourneront à Dieu.* [VI, 38]

De même :

> *Le jour où nous mettrons les montagnes en branle, où tu verras la terre nivelée, où nous les aurons tous rassemblés sans exception...* [XVIII, 47]

Ou encore :

> *Lorsque les montagnes se seront mises en branle, lorsque les chamelles pleines seront négligées, lorsque les animaux sauvages seront rassemblés...* [LXXXI, 3-5]

Ainsi donc, pour les croyants et pour ceux qui ont foi en la Résurrection, il ne reste plus de place pour la réfutation ou pour le doute à ce sujet.

Il faut aussi attirer l'attention sur le fait qu'en règle générale, lorsque des personnes vivant sur terre entrent en contact avec des âmes défuntes (que ce soit en rêve ou par d'autres moyens), les informations qu'elles reçoivent sur les sensations de l'autre monde correspondent à l'idée qu'elles s'en font elles-mêmes. Il n'y a rien d'étonnant à cela puisque, comme il a été dit plus haut, les esprits eux-mêmes perçoivent les sensations correspondant à l'image qu'ils s'en font dans leurs pensées (qu'il s'agisse de plaisirs ou de douleurs). *Car le monde spirituel est semblable à un miroir, chacun y voit sa propre image.*

Ainsi s'achève ce bref exposé sur la doctrine de la résurrection purement spirituelle. Naturellement, pour appuyer leur thèse, les tenants de cette doctrine avancent bien d'autres arguments de raison et de tradition, outre ceux qui ont été cités ici. Si on ne les a pas mentionnés dans cet ouvrage, c'est qu'on peut les trouver sans peine dans les traités de philosophie et de théosophie et qu'il était inutile de s'y attarder plus longuement.

Pour finir, il convient de rappeler que les tenants de la résurrection corporelle eux-mêmes n'ont pas réfuté avec certitude la résurrection de l'âme, ainsi que le souligne Mohaqqeq Ravâni dans son exposé des différentes doctrines[87]. Le regretté Majlesi écrit lui aussi dans *Bahâr al-anvâr*[88] : « Il est nécessaire de croire à la résurrection des corps, et celui qui la nie est un mécréant. Quant à la doctrine de la résurrection de l'âme, selon laquelle les plaisirs et les douleurs ressentis après que l'âme a quitté le corps ont pour siège l'âme et non pas le soi vital (*nafs*), on n'est pas tenu d'y adhérer et celui qui la nie ne sera pas considéré comme un mécréant. Si toutefois elle venait à être prouvée, il n'y aurait à cela aucun empêchement d'ordre rationnel ou religieux. »

---

87. *Ibid.*, vol III, p. 5.
88. [6], vol. III, p. 203.

Chapitre Sixième

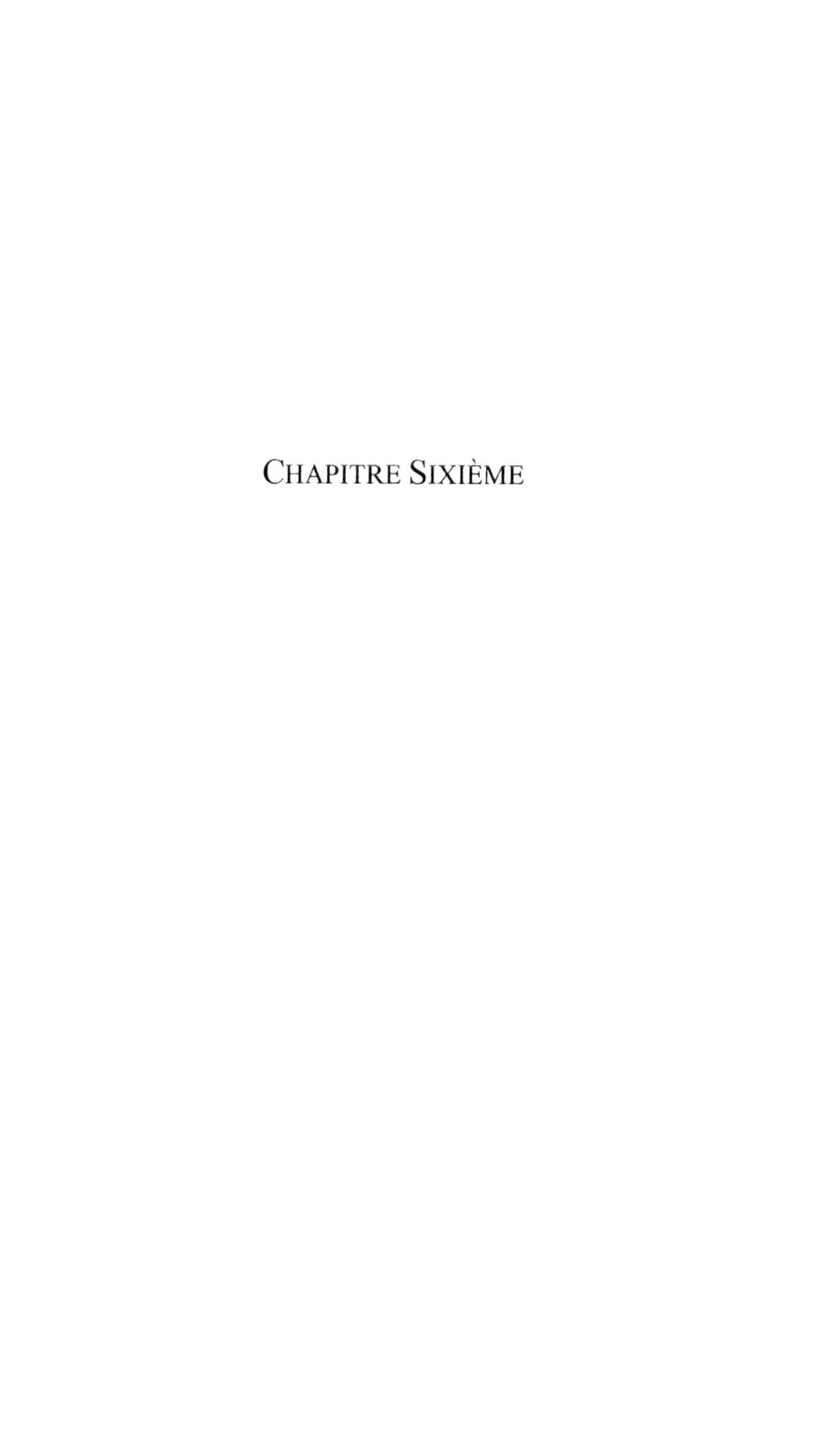

Résurrection corporelle et résurrection
spirituelle : harmonisation

Ceux qui croient à une harmonisation possible entre les deux résurrections, corporelle et spirituelle, sont des chercheurs de tous horizons, théologiens, théosophes, philosophes. Ils ont tous traité la question de manière exhaustive dans leurs écrits sous forme de réponses pertinentes, apportant des arguments clairs et concluants, d'ordre rationnel et traditionnel, qui ne laissent aucune chance aux objections de leurs opposants. Bref, ils ont si bien expliqué et démontré leur thèse qu'ils ont coupé court aux négations des dénégateurs. Lorsque certains détracteurs ignorants ou fanatiques ont néanmoins cherché à objecter, leurs attaques se sont révélées vaines et inefficaces. En vue de concilier et d'harmoniser les points de vue des tenants des deux résurrections, les harmonisateurs ont confronté l'ensemble de leurs arguments et éliminé toute divergence. Pour ce faire, ils se sont appuyés sur les règles de la logique, l'autorité des arguments de raison et de tradition ainsi que la validité des raisonnements philosophiques.

Voici certains de leurs arguments : Une fois acquis la survie de l'âme[89] et le fait que cette survie est d'une autre nature que la vie du corps, il est légitime d'admettre que sont également distinctes les sensations de plaisir ou de douleur éprouvées par

---

89. Cf. Chap. Deuxième, 3.

l'âme et celles éprouvées pas le corps. En effet l'âme est une entité subtile relevant des immatériels du monde métaphysique, cependant que le corps a la densité de la matière et appartient au monde physique. En d'autres termes, du fait des exigences de son immatérialité substantielle, l'âme aspire constamment à s'exhausser de station en station, jusqu'aux étapes du *malakut*, du *jabarut*[90] et au-delà, tandis que le corps, constitué par nature d'éléments matériels, tend continûment vers le bas, vers le monde dense de la matière terrestre. C'est pourquoi *le corps, en tant qu'organisme physique vivant, n'est pas à même de saisir les sensations d'ordre spirituel tant qu'il demeure sous l'emprise des désirs du soi impérieux,* tandis que l'âme, parce qu'elle est substance subtile, ne peut en aucun cas se sentir concernée par les sensations terrestres, qui lui sont inférieures. D'autre part, la raison aussi bien que les lois de la nature établissent qu'à tout commencement correspond un terme, à tout début une fin, à toute origine un retour à l'origine, et à tout premier un dernier (exception faite de l'Essence divine, qui a été, est et sera de toute éternité), d'où l'on peut conclure que la Résurrection (ou Retour à l'origine) est un droit légitime et que toutes les créatures doivent nécessairement ressusciter, de manière spécifique et en temps voulu.

C'est pourquoi au Jour de la Résurrection finale, le Très-Haut, dans sa toute-puissance et sa parfaite sagesse, ressuscitera toutes les créatures selon un équilibre et un dosage quantitatif et qualitatif spécifiques (qu'il s'agisse du rassemblement des membres disloqués ou de leur reconstitution, etc.) afin de résoudre l'opposition entre les exigences de la matière et le ferment vital de l'âme et du corps. Il est clair qu'un état (*nash`e*)[91] ainsi composite est très différent de l'état [des êtres ressuscités] tel que se le représentent les tenants de la résurrection purement corporelle d'une part, et ceux de la résurrection purement spirituelle d'autre part.

---

90. Cf. note 71.
91. ** Ici, *nash`e* n'a plus tant le sens de « sensation » que celui d'« état ».

Si donc dans les écrits qui traitent de la Résurrection, on examine avec soin et sans préjugés les explications détaillées développées par les tenants de l'harmonisation entre résurrection spirituelle et résurrection corporelle, il est certain qu'aucune divergence ne subsistera plus entre les tenants des deux doctrines, et que c'est l'harmonisation des deux formes de résurrection qui prévaudra.

Chapitre Septième

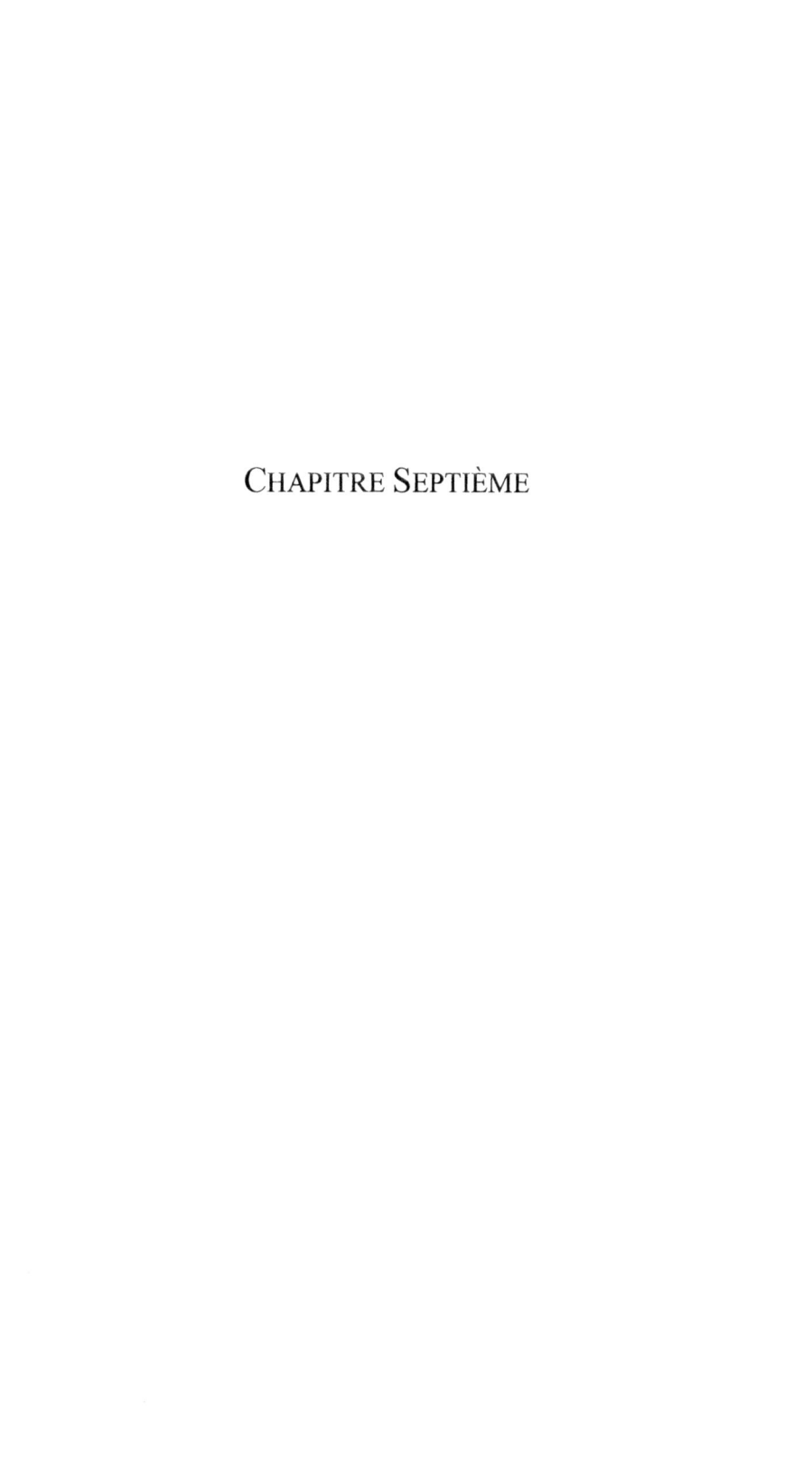

LA QUESTION DE LA RÉSURRECTION
SELON LA DOCTRINE DU PERFECTIONNEMENT

GÉNÉRALITÉS

Voici ce que pensent en général les tenants de la doctrine du perfectionnement à propos de la Résurrection : il est incontestable que le Très-Haut, qui est le créateur de toutes les créatures et le détenteur absolu de la sagesse infinie et de toutes les connaissances de la première à la dernière, n'a créé ni ne crée en vain aucune créature. C'est pourquoi, au moment de l'instauration des diverses créatures dans les univers par la médiation de la loi de causalité et le principe de l'enchaînement des causes et des causés, Il a établi, dans sa sagesse suprême, un commencement et une fin pour toutes les créatures, quelles qu'elles soient. Seul Dieu n'a, de manière absolue, ni commencement ni fin, mais parmi les êtres qu'Il a créés, aucun ne fait exception à cette règle, et c'est en parcourant les étapes établies entre son commencement et sa fin que chaque être doit atteindre le but pour lequel il a été créé. D'un point de vue spirituel, la fin ultime de chaque créature est de parcourir, entre le moment de son apparition à l'être et son retour à l'origine, les étapes nécessaires à son perfectionnement, afin de ressusciter dans le lieu éternel et spirituel de la Résurrection.

Remarquons que le terme Résurrection ou Retour [*ma`âd*] a deux sens :

1) Le sens littéral employé couramment dans l'exotérisme et qui a été présenté dans les chapitres concernant la résurrection corporelle, la résurrection spirituelle et l'harmonisation entre les deux théories.

2) La signification qu'il revêt dans le cadre de la doctrine du perfectionnement, à savoir le parcours des étapes en vue d'arriver à l'étape finale de la perfection ou point ultime de l'union à Dieu, comme l'atteste le verset coranique :

> *Ils disent : nous sommes de Dieu et à Dieu nous retournerons.* [II, 156]

En effet, selon les tenants du perfectionnement, une fois que l'âme a quitté le corps matériel, elle ne retourne pas, sauf exception[92], dans ce même corps. Même ceux qui croient en la résurrection des corps (que ce soit par reconstitution des membres dispersés ou par rétablissement du corps à l'être), pensent, pour la plupart, que le corps qui prend forme par l'effet de la survivance de l'âme et qui ressuscite au Jour du Jugement dernier, est un corps « éthérique » nouvellement composé à la ressemblance de celui qui existait sur terre, et non la dépouille qui a disparu et s'est décomposée.

Quoi qu'il en soit, il faut aussi souligner que de même que les créatures de l'univers sont différentes les unes des autres du point de vue créationnel, elles diffèrent du point de vue de leur perfectionnement : la trajectoire que suit chaque catégorie de créatures est spécifique, de son commencement jusqu'à sa fin. Les créatures terrestres, qui font l'objet du présent ouvrage, forment l'une de ces catégories. Leur perfectionnement obéit à des lois qui leur sont propres. Ces lois sont les suivantes :

---

92. Comme dans l'histoire de `Ozayr ou de Armyâ ou encore dans celle d'Abraham qui est évoquée dans le Coran, II, 259-260.

Chaque existant qui, par la grâce de l'Être nécessaire est tiré du non-être et vient à l'être, doit initialement, en raison de l'épanchement [vertical] de l'effusion divine [*seyr-e soduri*], se stabiliser au point longitudinal [*tuli*] de sa première apparition à l'être, au niveau qui, pour une raison ou pour une autre, lui est échu ; il lui faut ensuite amorcer, à partir de ce point, son parcours de perfectionnement. Pour ce qui est du lieu de cette apparition et du niveau de stabilisation auquel l'existant vient à l'existence pour la première fois après l'épanchement de l'effusion divine, il existe deux points de vue divergents.

PREMIER POINT DE VUE

Les êtres ont été créés différents les uns des autres du fait de l'enchaînement des causes et des causés ainsi que de leur antériorité et de leur postériorité temporelles et spatiales. C'est pourquoi des écarts se manifestent dès leur apparition : ils sont créés plus ou moins proches de la Source divine, et dotés de capacités originelles d'intensité variable. Il va sans dire que ces différences induites par l'enchaînement des causes et des causés n'ont pas de caractère discriminatoire ; elles témoignent plutôt de ce qu'une sagesse infinie régit tout cet ordonnancement, et de ce que les propriétés constitutives de la nature en assurent le bon fonctionnement. Ajoutons à cela que si l'on considère que le but ultime, à savoir l'étape de la perfection, est finalement le même pour l'ensemble des existants, les différences liées à l'antériorité ou à la postériorité dans le parcours du perfectionnement restent sans incidence. Ainsi, quel que soit le niveau - élevé ou inférieur - auquel un étant advient initialement à l'être, c'est à partir de ce point qu'il commencera son perfectionnement. Qu'un existant soit, depuis sa création initiale, être humain ou être minéral, dans tous les cas, il engagera son processus de perfectionnement à partir de son niveau initial en vue d'atteindre l'étape ultime qui est la même pour tous.

Deuxième point de vue

D'une part, la justice divine exige que, quelle que soit sa direction, l'épanchement de l'effusion divine duquel émane chaque existant soit le même pour tous. D'autre part, le mouvement naturel de chaque chose se fait, selon son point de départ, de haut en bas ou de bas en haut. C'est pour cette raison que tout être, du fait que le mouvement dont il émane prend son origine dans la Source, doit nécessairement emprunter l'arc de la descente pour atteindre le point le plus bas de sa trajectoire, qui est le point longitudinal et le niveau de son apparition. C'est à partir de là qu'il devra amorcer l'arc ascendant de son perfectionnement, du point le plus bas au point le plus haut. Ainsi donc, ni les exigences de la causalité, ni l'antériorité et la postériorité temporelles et spatiales n'ont la moindre incidence sur la question du point longitudinal de l'apparition initiale. En effet, s'il est vrai que chaque causé est, du point de vue du temps, postérieur à sa cause, on ne peut cependant généraliser et appliquer cette postériorité à la proximité ou à l'éloignement de l'être par rapport à la Source divine ou à la variation d'intensité de sa capacité originelle. Il peut arriver que certains causés aient une perfection plus grande et que leur intensité d'être soit plus grande que celle de leur cause. Ainsi le joyau issu d'une pierre, l'arbre aux fruits abondants provenant d'un noyau ou d'un arbrisseau, l'oiseau rapide éclos de l'œuf ou l'animal ou l'être humain issus d'une goutte de sperme, ou encore le génie ou le prophète engendré par un homme ordinaire. De plus, Dieu est juste et sa grâce est universelle. Et surtout, *que ce soit du point de vue de leur nature, de leur création ou de leur relation au Créateur, toutes les créatures sont sur un pied d'égalité.*

Que l'on choisisse d'adopter l'un ou l'autre point de vue, il est certain qu'en règle générale, les existants de toutes catégories doivent finalement accomplir leur perfectionnement avec les moyens mis à leur disposition, et ce, quel que soit leur degré dans la hiérarchie de l'être ; une fois arrivé à l'étape la plus élevée possible, chacun récoltera les conséquences ultimes de ses actes.

Notons que les notions d'inférieur ou de supérieur concernent les premiers degrés de l'apparition de l'être, et ce, du point de vue du Créateur et non des créatures. Car la justice divine exige *que le cycle du perfectionnement et le but ultime soient les mêmes pour toutes les créatures*. Voilà pourquoi les existants qui adviennent à l'être au niveau le plus bas sont déterminés de façon à arriver, progressivement, au niveau le plus haut à la suite de transformations, de transmutations, de mouvements rotatoires [*vaz`i*][93] continus et de mouvements translatoires [*enteqâli*][94] discontinus, comme c'est le cas avec le minéral promu en végétal, puis en animal et plus haut encore. En effet, tant que les existants ne sont pas en mesure de distinguer entre le bien et le mal, tant qu'ils ne sont pas liés par l'obligation morale, ils évoluent progressivement, en suivant l'ordre de la nature et selon des principes divins immuables inscrits dans la nature de chaque être. Par la suite, ce sont leurs actes qui fixeront leur destinée. Comme le disait Hâfez[95] :

Il avait bien raison le vieux laboureur, qui déclara à son fils : Ô lumière de mes yeux, tu ne récolteras rien que tu n'auras semé !

Les existants primordiaux, de l'inférieur au supérieur, se présentent sur différents niveaux, selon l'échelle suivante :

1) Les êtres « non doués de sensibilité »[96] qui se dissolvent en s'annihilant et dont l'empreinte réapparaît dans un être de même niveau ou d'un niveau supérieur afin de se transformer

---

93. ** La traduction de *vaz`i* par rotatoire est empruntée à B. Elahi, dans *Fondements de la spiritualité naturelle*, Paris : Dervy, 1996. La définition du « mouvement rotatoire » donnée dans l'index de cet ouvrage est : « mouvement intrinsèque imperceptible qui anime un individu de sa naissance à sa mort ». L'étymologie du mot lui-même (de *vaz`*, « état ») indique qu'il s'agit du mouvement qui anime les êtres en tant qu'eux-mêmes, tant qu'ils gardent la même identité.
94. Cf. note précédente. La définition du mouvement translatoire donnée par B. Elahi est : « mouvement qui anime un individu d'une vie à une autre, jusqu'à ce qu'il parvienne finalement à sa perfection ».
95. ** Poète persan du 14° siècle. Il s'agit du poème 474, *Divân*, éd. Sâyeh, Téhéran : Nashr-e Kârnâmeh, 1995.
96. cf. Aristote : « ta asthavomeva », *De l'âme* 410, b, 19.

progressivement en un être doué de sensibilité puis en un être possédant une âme.

2) Les êtres « possédant une âme non douée de discernement », laquelle survit après l'annihilation du corps et évolue progressivement et de manière naturelle vers les niveaux plus élevés.

3) Les êtres « possédant une âme douée de discernement » : ce sont ceux qui ont la faculté de discerner entre le bien et le mal, et qui sont liés par l'obligation morale. Une fois qu'ils ont atteint ce niveau, le cycle de leur perfectionnement s'accomplit de la manière suivante : tout être possédant une âme douée de discernement[97] doit, dès le premier corps ou habit matériel qui lui échoit, gravir conjointement les degrés du perfectionnement du corps et de l'âme, afin d'atteindre l'étape ultime de la perfection du corps aussi bien que de l'âme. Il est indéniable que dès l'apparition de son noyau vital et sauf incident de parcours, tout corps se met à croître progressivement jusqu'à atteindre le point le plus haut de sa croissance physique ; de même, l'âme se développe graduellement et se perfectionne dans les mêmes proportions que le corps, jusqu'à atteindre sa pleine capacité spirituelle. En accord avec ce principe, il est donc nécessaire aux êtres possédant une âme et habitant la planète Terre, de franchir les étapes du perfectionnement dans leur corps et dans leur âme, chacun recevant l'aide et la force de l'autre. Il va sans dire que lorsque l'un et l'autre sont arrivés à leur propre perfection, le corps cesse d'exister alors que l'âme, après les formalités préliminaires et le décompte de ses actes, est conduite en sa demeure ultime où, pour l'éternité, elle récoltera les fruits de ses actes, bons ou mauvais.

Remarquons qu'ici ou ailleurs, partout où l'on emploie la notion d'« éternité », que l'on parle de récompenses ou de

---

97. Désormais, à chaque fois que l'expression « âme douée de discernement » sera utilisée, cela renverra à la signification de l'âme capable de reconnaître et appliquer le bien et le mal.

châtiments éternels au paradis ou en enfer, il ne s'agit en fait que d'une éternité relative, qui dépend de la volonté divine et qui n'existe que tant que l'univers existe. Car comme nous l'avons maintes fois répété, l'éternité absolue n'appartient qu'à l'essence de l'Être nécessaire, qui a été, est et sera de toute éternité, comme en témoignent les versets suivants :

> Les malheureux sont, quant à eux, dans le feu avec des gémissements et des sanglots. Ils y demeurent tant que durent les cieux et la terre, à moins que Dieu n'en décide autrement. Car ton Seigneur fait absolument ce qu'Il veut. En revanche, les bienheureux sont au paradis où ils demeurent tant que durent les cieux et la terre, à moins que ton Seigneur ne veuille [accorder] un don permanent. [XI, 106-108]

> ... Il n'y a pas d'autre dieu (objet d'adoration) que Dieu. Tout est périssable sauf sa Face. [XXVIII, 88]

> Tout ce qui est sur [Terre] est voué au néant. Seule subsistera la Face de ton Seigneur à qui appartiennent la splendeur et la grandeur. [LV, 26-27]

Ce qui vient d'être exposé est un aperçu général de ce que pensent les tenants de la doctrine du perfectionnement au sujet de la Résurrection. Bien que tous croient en la survie de l'âme et en la Résurrection, cependant, certains divergent quant aux modalités du perfectionnement.

Nous présenterons ces différentes modalités selon l'ordre suivant :

Premièrement, le perfectionnement par transposition (*edkhâli*) : du monde terrestre au monde intermédiaire ;

Deuxièmement, le perfectionnement par jonction (*ettesâli*) : du monde intermédiaire au monde terrestre ;

Troisièmement, le perfectionnement par fusion (*emtezâji*), par la voie de l'arc descendant ;

Quatrièmement, le perfectionnement par union (*ettehâdi*), par la voie de l'arc ascendant et de l'arc descendant.

Première modalité : le perfectionnement par transposition (du monde terrestre au monde intermédiaire)

Il a déjà été mentionné plus haut que si un être possédant une âme douée de discernement parvient à accomplir son perfectionnement dans son premier habit terrestre, après la mort, son âme est conduite en sa demeure éternelle, où elle bénéficiera éternellement du résultat de ses actes. Mais si pour une raison ou pour une autre (par accident, sous l'influence du milieu, à cause du résultat de certains actes ou de tout autre obstacle) le cycle ascendant du perfectionnement physique et/ou spirituel est interrompu, alors, au moment où elle se sépare du corps terrestre, l'âme est directement transférée dans le monde intermédiaire, avec ou sans délai[98]. C'est dans ce monde-là que l'occasion lui sera donnée de se racheter, quel que soit le degré auquel elle aura interrompu son perfectionnement.

Bien que Dieu soit souverainement juste et équitable et qu'en conséquence, Il statue en toute justice et équité sur le cas de chacune de ses créatures, Il est aussi éminemment généreux et miséricordieux, plein de grâce et de bienveillance ; aussi a-t-Il établi le monde intermédiaire ou « monde imaginal »[99] par indulgence envers les pécheurs, les insouciants et les égarés. En effet, celui qui s'est arrêté en cours de perfectionnement peut y racheter ses fautes passées et ainsi recevoir son ultime avertissement de façon indiscutable. Pour cela, un milieu lui est projeté par représentation et *transposition* des empreintes terrestres dans l'espace imaginal. Ce milieu est en tous points

---

98. « Avec délai » concerne les âmes qui quittent le corps physique à la suite d'une mort violente, d'un suicide ou d'un coup de folie ou autres situations de ce genre. Ces âmes errent pendant un certain temps, désorientées et perplexes. Le transfert dans le monde intermédiaire ne se fait qu'après un certain délai.
99. Selon les philosophes grecs, il s'agit du *hurqaliâ*. C'est-à-dire que c'est un monde distinct du monde matériel composé d'éléments. cf. *Kefâyat al-movahhedin* [9], t.III, pp. 199-200 ; *Ketâb-e radd-e tanâsokh*, pp. 102 et 106. **Voir à ce propos Henry Corbin, « Mundus Imaginalis », Paris : *Cahiers internationaux du symbolisme*. 1964, 6, pp. 3-26.

semblable à celui dans lequel il vivait sur Terre ou si cela s'avère nécessaire, plus propice. Là, sont mis à la disposition de l'âme tous les moyens qui lui sont nécessaires afin de compléter ce qui lui manque pour réaliser sa perfection. Elle y bénéficie d'un temps suffisant et le travail lui est beaucoup plus facile [que dans le monde terrestre] car elle ne rencontre pas d'obstacles. Aussi peut-elle profiter de cette occasion et de cette grâce qui lui sont offertes et obtenir le salut[100]; faute de quoi, après l'expiration du délai qui lui est imparti, le solde actif ou passif de ses actes est établi et l'âme rejoint sa demeure éternelle.

Puisqu'il est question du monde intermédiaire, il semble utile, pour éclairer le lecteur désireux d'en savoir davantage, d'en donner un aperçu descriptif.

Le monde intermédiaire est un monde médiateur entre le monde terrestre et le monde éternel. Il échappe à la spatialité et à la temporalité terrestres. Ainsi, l'étendue y est sans limites de sorte que si tous les existants, du premier au dernier, s'y trouvaient réunis, cela n'affecterait en rien son étendue disponible ni sa contenance relative ; de même que tout ce que peut contenir le cerveau humain de pensées et de souvenirs, au-delà même de ce qui est imaginable, ne modifie en rien la contenance relative du cerveau. Quant à la temporalité, il existe pour tous les existants une perception individuelle de la durée, variable selon le destin et le mérite des actes de chacun. Il peut donc se faire selon les cas, qu'une année du monde intermédiaire ne corresponde pas en réalité à la durée d'une année solaire terrestre. Par exemple, une année passée dans le monde intermédiaire peut correspondre à une seconde du temps écoulé sur terre et vice-versa.[101]

---

100. Ainsi qu'il est dit dans le Coran : « Vous qui avez cru, craignez Dieu et cherchez les moyens de Le rejoindre et faites des efforts dans sa voie afin peut-être d'obtenir le salut. » [V, 35]
101. Comme il est dit dans le Coran : « Il décide, dans le ciel, du sort de toute chose sur terre, puis tout remonte vers Lui en un jour dont la durée est de mille ans selon votre calcul. » [XXXII, 5] ; de même « Les anges et l'Esprit remontent vers Lui en un jour dont la durée est de cinquante mille ans. » [LXX, 4]. La tradition rapporte aussi que « quelqu'un demanda un jour au Prophète (au sujet de ce jour dont la durée est de cinquante mille

Toutefois il ne faut pas croire que la temporalité du monde intermédiaire (que ce soit dans le cas où une seconde de ce monde correspond à une année solaire terrestre ou dans le cas inverse) est un produit de l'imagination et relève de l'illusion. Ce n'est pas comme dans le monde imaginaire du rêve, où l'on peut voir un espace démesuré avec une foule innombrable pendant un temps infini, bien au-delà de l'espace et du temps imaginables, pour s'apercevoir au réveil, que tout cela n'avait aucune réalité effective. En effet, dans le monde intermédiaire, qui est le monde imaginal, les coordonnées du temps et de l'espace sont déterminées de manière permanente par les sensations spirituelles [*nasha'ât*] et non par la représentation des volumes, des dimensions et de la durée physiques du monde terrestre. En d'autres termes, *toutes les sensations spirituelles éprouvées par l'âme sont la réalité même et objectivement vraies.*

Le monde intermédiaire est aussi appelé monde imaginal (lit. « à l'identique ») pour la raison suivante : à sa mort, chaque être du monde terrestre apparaît dans le monde intermédiaire, très exactement avec la stature et sous la forme et l'aspect qu'il avait sur terre, sans altération qualitative ou quantitative. De plus, on lui façonne et on lui projette un environnement en tous points semblable à l'environnement terrestre qui lui a manqué pour accomplir son perfectionnement, et ce, pendant la durée nécessaire. Par exemple, si un être humain meurt enfant, il vivra le reste de sa croissance physique dans le monde intermédiaire, et il en va de même pour tous les autres cas.

De plus, pour donner une idée de la différence qui existe entre le monde terrestre et le monde intermédiaire dans la perspective de la remontée de l'âme, on peut la comparer à celle qui existe entre le milieu utérin et l'air libre pour le nouveau-né, ou encore à l'écart qui sépare les ténèbres de la lumière.

---

ans) : 'Ô Prophète, n'est-il pas bien long, ce jour de cinquante mille ans ?' Et il répondit : 'Par Celui (le Dieu) à qui appartient ma vie, ce jour semblera court au croyant, plus court encore que le temps de faire une prière rituelle.' » (*Tafsir-e Jâme` al Bayân*, livre 29, p. 72 ; *Kashf al-Asrâr*, vol. X, p. 225 ; *Tafsir-e Râzi*, livre 30, p.124 ; *Majma`ol Bayân*, vol. V, p. 353 ; *Tafsir-e Abol Fotûh Râzi*, vol. X, p. 124, *Tafsir al-borhân* [1], vol. IV, p. 383 ; *Sâfi* [4], p. 367.

Il est vrai que la question du monde intermédiaire a été suffisamment traitée dans le Coran, les Traditions et autres recueils religieux.

1) Dans le Coran, il est dit :

> ... *derrière eux, il y a un monde intermédiaire (*barzakh, *lit.* « distance ») *jusqu'au jour de leur résurrection.* [XXIII, 10]

2) Dans *Sâfi*[102], on rapporte cette parole de Ja`far Sâdeq :

> *Le monde intermédiaire correspond à un état intermédiaire, c'est un espace de récompense et de châtiment entre le monde matériel et le monde éternel.*

3) Dans *Osul al-Kâfi*[103], on trouve aussi cette citation de Ja`far Sâdeq :

> « *Vous êtes tous dans le paradis, mais Dieu m'est témoin qu'en ce qui concerne le monde intermédiaire, j'ai des craintes à votre égard !* » *On lui demanda ce qu'était le monde intermédiaire. Il répondit :* « *C'est un lieu de repos entre la mort et la résurrection.* »

Et dans *Majma`al-Bahreyn*, on rapporte qu'il a dit :

> *J'ai des craintes à votre égard en ce qui concerne les angoisses du monde intermédiaire, cet espace entre la mort et la résurrection. Car il est certain qu'après la mort, on entre dans le monde intermédiaire.*

4) Dans le *Qâmus* et dans le *Majma`al-Bahreyn*, il est dit :

> *Le monde intermédiaire est un espace intermédiaire qui s'interpose entre deux états, c'est l'espace entre le moment de la mort et la résurrection.*

---

102. **[4].
103. [5] et aussi dans *Kefâyat al-movahhedın* [9], t.III, p. 298.

Deuxième modalité : le perfectionnement par jonction
(du monde intermédiaire au monde terrestre)

Ce qui a été dit au sujet du perfectionnement par transposition reste valable pour le perfectionnement par jonction aussi bien dans les généralités que dans les points de détail, à cette différence près que les moyens nécessaires pour compléter ce qui manque au viator dans son parcours du perfectionnement sont non plus transposés dans l'univers imaginal du monde intermédiaire, mais mis en œuvre dans le monde terrestre où se sont produits les actes passés. La raison en est que l'on ne récolte que dans le champ où l'on a semé.

Cela se passe de la manière suivante :

1) Par l'entremise d'un fil conducteur spirituel (comme dans un circuit électrique) et pendant un temps déterminé (qui peut durer toute ou partie de la vie de l'être vivant sur terre), un contact est établi entre l'âme dont le parcours a été interrompu et qui séjourne dans le monde intermédiaire et l'âme d'un autre existant qui vit sur terre. Grâce à cette jonction, l'âme située dans le monde intermédiaire éprouve l'effet des plaisirs et des peines vécues par l'être corporel auquel elle est reliée et acquiert ce qui est nécessaire à son perfectionnement en bénéficiant des moyens mis à la disposition de cet être. Cela se passe alors que ce dernier n'a pas conscience de cette jonction et ne ressent aucune dualité, car ses plaisirs et ses peines ainsi que tous les autres événements de son existence ne concernent que sa propre destinée. En fait, l'âme qui se trouve dans le monde intermédiaire se sert des effets de sa jonction avec l'âme de l'être terrestre pour progresser dans son perfectionnement et ce, dans les proportions de perfectibilité déterminées par l'ordre et la sagesse de Dieu en fonction des capacités de chacune de ces âmes. Il ne s'agit donc en aucun cas de la présence simultanée de deux âmes dans un même corps, ce qui serait impossible. Ce contact qui peut s'établir entre deux âmes a pour but de permettre à celle qui se trouve dans le monde intermédiaire d'achever son perfectionnement ; si elle

échoue, après l'expiration du délai imparti, elle sera jugée et recevra sa rétribution éternelle.

2) Lorsqu'il y a jonction entre une âme du monde intermédiaire et une âme du monde terrestre, il n'est pas nécessaire que les deux êtres soient de même catégorie ou de même sexe. En effet, selon le mérite ou le démérite de ses actions passées, l'âme du monde intermédiaire, peut se trouver reliée à l'âme d'un être corporel de niveau égal, supérieur ou inférieur (par exemple un être humain peut être relié à un autre être humain, ou à un animal ou un animal à un humain etc.)

Troisième modalité : le perfectionnement par accumulation (par la voie de l'arc ascendant)

Premièrement : il a déjà été souligné à maintes reprises dans cet ouvrage, qu'après son advenue à l'être au moyen de l'enchaînement des causes et des causés de l'arc descendant, lequel se déploie de la Source suprême jusqu'au point le plus bas, c'est-à-dire le point créationnel de la première apparition de chaque créature, sous l'impulsion programmée du mouvement transsubstantiel ascendant continu qui, depuis le degré initial le plus bas s'élève vers les degrés supérieurs (comme dans le passage du minéral au végétal et du végétal à l'animal), le noyau existentiel de chacun des existants du monde matériel terrestre doit franchir les étapes par accumulation, jusqu'à atteindre le niveau de l'être humain et ce, conformément à la sagesse divine et aux exigences de la nature, lesquelles ont été disposées dans sa substance créationnelle par le Créateur de toutes les créatures, selon un ordre préétabli et inaltérable. Une fois l'être humain devenu adulte, raisonnable et capable de discernement, il lui faut franchir les mille degrés qui le mèneront à la mille et unième étape, celle de la perfection, qui est union voire même fusion avec la Vérité de l'Être divin en son point d'unicité[104]. S'il ne

---

104. Voir à ce propos, Appendice 6 : quelques vers de Sheykh Amir au sujet de la mille et unième étape du parcours du perfectionnement.

parvient pas à franchir dans son premier habit humain ces mille degrés préétablis, il est transféré dans le monde intermédiaire où, compte tenu du délai qui lui est imparti, il doit achever son perfectionnement selon les modalités exposées plus haut, c'est-à-dire par transposition ou par jonction, faute de quoi il sera jugé et recevra la rétribution éternelle qu'il mérite. Si les modalités par transposition et par jonction ont été présentées séparément, c'est parce que certains adhèrent seulement à la première, et d'autres seulement à la seconde. « La science appartient à Dieu ».

Deuxièmement : le mouvement ascensionnel qui conduit les créatures du règne minéral (que l'on s'accorde à reconnaître comme l'étape la plus basse, les créatures situées à un degré inférieur étant assimilées au règne minéral) au règne végétal puis animal ne se fait pas de manière individuelle. Il ne faut pas croire que chaque individu du règne inférieur se transforme en un individu du règne supérieur. On ne peut pas dire, par exemple, qu'un rocher se transforme en une feuille, que cette feuille devient un animal et l'animal un être humain. Tant par leur nombre que par la durée de leur vie, ces créatures n'ont rien de commun entre elles. Les petits cailloux pris individuellement peuvent rester des années durant dans le même état alors que chaque brin d'herbe pousse au printemps puis se dessèche et disparaît à l'automne ; la disparité est également considérable entre ces brins d'herbe et les animaux quant à leur nombre et la durée de leur vie. De même, la population humaine globale est inférieure en nombre à l'ensemble de la population animale et la durée de vie des humains est supérieure à celle de la plupart des animaux. Il n'est donc pas rationnel de penser que chaque animal pris individuellement (y compris les insectes, etc.) produit un être humain. En réalité, si l'on rassemblait tous les hommes du premier au dernier, leur nombre resterait tout de même inférieur au nombre, ne serait-ce que d'une partie des insectes, sans parler des autres animaux. Et il en est de même des autres espèces.

Le parcours ascensionnel mentionné ci-dessus relève donc du mouvement rotatoire continu (comme celui du cheminement d'un corps depuis sa première apparition jusqu'à sa maturité) et non du mouvement translatoire discontinu, ce qui donnerait à penser que l'essence de chaque forme matérielle passe individuellement du degré inférieur au degré supérieur. De fait, soumise aux effets de l'évolution naturelle, transformée par le mouvement rotatoire continu, la substance vitale originelle de la matière minérale traverse les différents degrés du perfectionnement pour atteindre sa phase finale et devenir ainsi apte à produire la matière végétale. Alors, grâce à l'effluence de cette substance vitale productive qui se trouve en elle, elle produit le végétal et le fait être. C'est ainsi que par transformations successives et naturelles les êtres minéraux finissent par constituer la terre d'où émerge le végétal. A son tour le végétal, sous l'effet du mouvement rotatoire continu, subit des transformations successives et traverse les différents degrés de son perfectionnement jusqu'à acquérir l'aptitude à produire l'animal. De même les transformations engendrées par le mouvement rotatoire continu font évoluer l'animal jusqu'au niveau humain. En termes plus imagés, l'empreinte de la substance vitale de chaque catégorie de matière (minérale, végétale ou animale) sur la génération de la matière subséquente peut être comparée au jaillissement continu de l'eau d'une source. Tant que l'eau s'écoule de la source de manière ininterrompue, on peut considérer que toutes les particules existentielles qui composent ce cours d'eau depuis son point de départ jusqu'à son point d'arrivée, forment, dans leur ensemble, une seule entité. Dans le même temps, du fait que chaque goutte est séparable, elle peut être considérée comme une entité distincte et indépendante. On en conclut que tant qu'il subsiste, chaque être minéral, végétal ou animal est source de production de la matière du degré supérieur au sien, de manière régulière et ininterrompue, sans que jamais la moindre particule de sa substance essentielle ne se dissolve dans cette matière subséquente (comme la source qui engendre le cours d'eau). En fin de compte, l'empreinte transmise par la matière qui précède à la matière qui suit fait que celle-ci est plus perfectionnée, puisqu'elle accumule en elle à la fois l'empreinte de la matière précédente et celle des conditions propres à sa nature matérielle. En effet, on ne trouve dans le minéral que l'empreinte minérale, alors que le végétal contient à la fois du minéral et du végétal ; l'animal, quant à lui, contient du minéral, du végétal et de l'animal, tandis que l'humain est constitué des empreintes de ces trois règnes, plus l'empreinte de la matière de l'animal-humain. Les empreintes conjuguées de ces différentes catégories de matière exercent un effet compositionnel accumulatif [*emtezâji*] qu'il est impossible de dissocier. Ce phénomène peut être comparé à la dissolution du sucre dans l'eau. A preuve, ces mots de ʿAli, rapportés par Komeyl[105] :

> *J'ai demandé un jour à mon seigneur ʿAli s'il n'y avait qu'un seul soi; il me répondit qu'il y en avait quatre : « le soi végétatif végétal, le soi sensitif animal, le soi raisonnable céleste, le soi divin global. »*

On rapporte aussi que des arabes interrogèrent ʿAli sur le soi ; il répondit :

> *« De quel soi parlez-vous ? » Ils dirent : « Ô seigneur, existerait-il donc plusieurs 'soi' » ? « Oui » répondit-il, et il leur énuméra les quatre 'soi' évoqués plus haut.*

Troisièmement : Lorsque la mort anéantit la matière vitale et la corporalité de chacun des êtres appartenant aux règnes minéral, végétal ou animal, ils se dissolvent dans la matière minérale constitutive de la planète Terre. Il va sans dire que la Terre connaîtra la destinée réservée aux corps célestes dont elle fait partie.

---

105. *Kefâyat al-movahhedin* [9], vol. III, p. 67.

Quatrième modalité : le perfectionnement par union (par la voie de l'arc ascendant et de l'arc descendant)[106]

Les opinions que professent les tenants du perfectionnement par union correspondent exactement à ce qui est décrit dans la troisième partie de ce chapitre à propos des transformations et des transmutations qui président au perfectionnement des trois règnes de la nature - minéral, végétal, animal - aboutissant à l'animal-humain. Ils sont toutefois d'avis qu'au delà de ce stade, l'être humain, qui est un composé d'éléments issus du minéral, du végétal, de l'animal et de l'animal-humain, possède de surcroît une âme humaine céleste émanée qui représente, comme le disait `Ali, « le soi divin céleste »[107].

La description de l'âme et sa genèse ayant déjà été évoquées dans le chapitre 2, il n'est pas utile d'y revenir ici. Notons simplement que l'âme étant une *chose* immatérielle, dépourvue de matière et de forme, sa création ne dépend en aucune manière ni de la matière productive du corps et de l'influx vital ni des empreintes compositionnelles naturelles et successives du minéral, du végétal, de l'animal et de l'animal-humain. Car l'âme est un expir du souffle du Créateur, comme en témoignent ces versets du Coran :

Je suis Celui qui a créé l'homme de boue fétide ; puis je l'ai façonné et j'ai insufflé en lui de mon souffle. [XV, 28-29]

Si l'âme a été comparée à une « émanation » [*bokhâr*, lit. vapeur] c'est parce qu'elle est invisible et intangible. L'Imâm Ja`far Sâdeq disait :

---

106. ** Voir à ce propos Ostad Elahi, *Âsâr al-Haqq* [15], I, n° 2 et 930.
107. Il existe cependant des êtres humains qui, pour une raison ou pour une autre, ne reçoivent pas une âme humaine céleste dans le premier corps qui leur est imparti et restent dans un état intermédiaire entre animal et humain et on les appelle les « corps-terre, âme-terre ». La question de savoir si les raisons qui ont mené à cet état de fait peuvent être annulées et si oui selon quelles modalités, fait partie de ces choses qui relèvent de la seule appréciation du Maître du Jugement. A ce sujet, Haji Ne`matollâh écrit dans *Shâhnâme-ye Haqiqat* (*Le Livre des Rois selon la Vérité*) [12], v.9094 : « Car ces personnes depuis le jour où fut écrit le destin/ était par nature âme-terre et corps-terre. »

> *L'âme, comme le souffle, est en mouvement, c'est pourquoi elle a été appelée* ruh *[âme], terme dérivé du mot* rih[108] *[qui signifie en arabe souffle, brise, vent].*

Ainsi l'âme est insufflée en l'être humain, elle est unie à lui après qu'il a passé les six étapes préliminaires (semence - gamète - œuf - embryon - os - chair) et qu'il est devenu fœtus[109]. Ainsi que cela est décrit dans le Coran :

> *Nous avons créé l'homme d'un extrait d'argile - puis nous avons produit une goutte de semence déposée en un réceptacle sûr - Nous avons métamorphosé la goutte de semence en jointif, et celui-ci en un embryon dont nous avons fait une ossature que nous avons revêtue de chair. Nous l'avons ensuite transformée en une toute autre création*[110]. *Béni soit Dieu, le meilleur des créateurs !*
> [XXIII, 12-16][111]

En outre, il n'y a pas nécessairement simultanéité entre la venue à l'existence de l'âme et celle du corps. De la même manière qu'après la disparition du corps l'âme perdure, il se peut aussi que l'âme existe avant le corps[112] ou que tous deux viennent à l'existence simultanément.

Quoi qu'il en soit, comme je l'ai déjà rappelé dans la troisième partie de ce chapitre, *pour que l'âme puisse accomplir sa perfection, mille et une étapes spirituelles ont été fixées : mille doivent être parcourues sous forme humaine, le temps d'une vie ou de plusieurs vies (c'est ce que l'on appelle le « parcours du*

---

108. Voir à ce propos le chap. 2.
109. Car selon certains, c'est au moment de la naissance, lorsque le nouveau-né respire sa première bouffée d'air terrestre, que l'âme lui est insufflée.
110. La « toute autre création » renvoie au moment où l'âme est insufflée et qu'elle s'unit au corps.
111. Pour un exposé détaillé sur l'exactitude scientifique de cette description, voir M. Bucaille, *La Bible, le Coran et la Science*, Paris : Seghers, 1979, p. 199-209.
112. Ainsi, il y a des penseurs et philosophes qui disent : étant donné que l'âme céleste humaine est distincte de l'âme advenante composite et naturelle du corps humain, l'âme céleste existe toujours dans le monde invisible et visible avant l'âme advenante ; à preuve cette parole du Seigneur selon laquelle « Dis : 'L'âme [a été créée] sur ordre de Dieu.' »

perfectionnement ») *et la mille et unième étape est celle où l'on rejoint Dieu pour jouir éternellement dans l'autre monde d'une félicité toujours renouvelée.*

En tout état de cause, si une âme, dans son premier habit humain, parvient à la perfection, que ce soit par ses propres efforts ou grâce à l'approbation divine, le but est atteint. Mais si par négligence, par fainéantise, par égarement ou pour toute autre raison, l'âme ne réussit pas à franchir ses mille étapes pendant sa première vie et qu'elle revienne de nouveau dans un ou plusieurs corps de suite, il ne faut pas pour autant prendre cela pour de la métempsycose. Aucun des arguments avancés par les théosophes, les philosophes et les docteurs de la Loi en vue de démontrer la fausseté de la métempsycose n'est applicable au processus du perfectionnement auquel on s'est référé jusqu'ici et qui sera expliqué par la suite. En effet, entre les tenants de cette forme de perfectionnement et les partisans de la métempsycose, la divergence est totale[113]. Dans le souci d'éclairer le lecteur, nous présenterons dans le chapitre suivant le contenu des doctrines de la métempsycose et les arguments établissant leur fausseté. Pour lors, revenons à notre propos et passons en revue le reste des questions concernant le parcours du perfectionnement selon la modalité unitive :

1) Le délai maximum imparti pour franchir les étapes menant à la perfection est de 50000 années solaires terrestres, le délai minimum étant la durée de vie du premier habit humain ;

2) Ces 50000 ans sont répartis de manière à ce qu'en moyenne, chaque vie dure cinquante ans ;

3) A supposer qu'une personne vive cent ans ou plus, elle vivra moins longtemps dans sa ou ses vies suivantes, pour que l'équilibre des 50 ans par vie soit rétabli ;

4) Ces 50000 ans représentent la durée maximum dont l'âme dispose pour parcourir les étapes dans l'habit humain ; il lui

---

113. Cf. Appendice 7 au sujet des différences entre les deux doctrines. Pour les arguments qui réfutent la métempsycose, voir le chapitre 8 du présent ouvrage.

est donc donné de revêtir au moins mille habits humains ;

5) Il faut également, après la venue au monde de l'enfant, que celui-ci vive au moins quarante jours pleins. Une seconde de moins, et ce temps n'est pas compté dans le cycle des mille étapes spirituelles du perfectionnement et des mille habits humains. Il s'agit là d'une sanction ;

6) Si par suite d'une rétrogradation, une âme est [condamnée] à se manifester sous d'autres formes que celle du corps humain, ce temps ne sera pas compris dans la durée du perfectionnement, quel que soit le nombre de formes revêtues et la durée de ces passages sur terre ;

7) Si une âme n'arrive pas à parcourir les mille étapes spirituelles du perfectionnement dans le délai des cinquante mille ans avec les mille habits humains qui lui sont impartis, elle n'atteindra jamais la perfection et sera éternellement privée de la félicité d'être unie à Dieu. Cependant, conformément à ce qu'elle mérite, elle recevra la récompense de ses bons actes dans l'un des niveaux inférieurs à celui de la perfection ou bien la rétribution, provisoire ou perpétuelle, de ses mauvais actes - c'est-à-dire la honte et la souffrance - dans l'un des niveaux inférieurs qui s'étagent jusqu'au niveau le plus bas. Ainsi est-il dit dans le Coran :

> *Nous créons l'être humain en la plus excellente des formes - puis nous le faisons retourner au niveau le plus bas - excepté ceux qui croient et sont vertueux - ils auront une récompense sans faille ... Dieu n'est-il pas le plus Sage des sages ?* [XCV, 4-8]

En d'autres termes, en deçà du niveau de la perfection, qui est le point de jonction avec l'Unique, s'échelonnent, du plus haut au plus bas, les autres niveaux correspondant à la rétribution des actes bons ou mauvais, conformément au mérite ou démérite de chacun ; ainsi qu'il est mentionné dans le Coran :

... Le registre des actes des dépravés est au fond de la prison infernale - ... Le registre des actes des vertueux est dans un lieu sublime et paradisiaque. [LXXXIII, 7-18]

8) Tant qu'une âme n'a pas encore atteint le niveau de la perfection, quel que soit le nombre de fois où elle meurt pour renaître dans un nouvel habit, chaque fois qu'elle quitte sa dépouille mortelle, celle-ci disparaît, alors qu'elle-même, qui est immortelle, est nécessairement transférée pour une durée provisoire dans le monde intermédiaire ;

9) La durée du séjour de l'âme dans le monde intermédiaire n'est pas prévisible et n'est pas la même pour tous. Il peut arriver qu'une âme soit immédiatement assignée à un corps et renvoyée sur terre, ou au contraire qu'elle s'attarde quelque temps dans le monde intermédiaire, car la durée du séjour de chaque créature dans le monde intermédiaire dépend de critères déterminés par le Juge éternel ;

10) Les tenants du perfectionnement appellent « revêtement d'habits successifs » ou encore « passage de manifestation en manifestation »[114] l'*exitus* de l'âme à la mort de son premier habit terrestre et ses retours successifs dans différents corps humains. D'après certains, c'est à cela que fait référence le verset coranique :

... Chaque fois que leur peau est cuite, nous la leur échangeons contre une autre peau... [IV, 56]

11) Selon les exigences de la nécessité naturelle et de la nature créaturelle, les créatures terrestres animées se répartissent en trois catégories :

a & b - Les mâles et femelles véritables[115] qui, quel que soit le corps, la forme ou la figure qu'ils revêtent, seront toujours mâle ou femelle sans jamais changer de sexe ;

---

114. Pour plus d'explications sur ce point, cf. *Borhân al-Haqq* [13], p. 172sq.
115. Les mâles et les femelles véritables sont par exemple les hommes et les femmes dans l'espèce humaine ou les mâles et les femelles des espèces animales. Dans un sens

c - Les indéterminés qui, par création, possèdent en puissance l'aptitude de pencher vers l'une ou l'autre des deux premières catégories. Les individus de cette catégorie peuvent donc ou bien rester indéfiniment indéterminés ou bien se transformer au cours de leur vie présente ou futures, en mâles ou femelles véritables à la suite de changements ou d'accidents. Il arrive d'ailleurs que des hommes ou des femmes changent de sexe après un certain temps.

12) Si, à la suite d'une rétrogradation, une âme humaine est reliée à un animal, cela sera nécessairement un animal d'une espèce supérieure, doué d'une certaine intelligence, et non pas n'importe quel animal ;

13) L'âme céleste humaine n'étant pas dépendante de l'âme composée et advenante de l'animal-humain, il peut arriver par l'effet de la sagesse divine, dans l'intérêt de la personne ou en conséquence de ses actes, que sur ordre de Dieu, l'âme céleste d'un individu soit remplacée par une autre âme céleste, alors même qu'il est en vie et sans qu'il s'en aperçoive. Certains mystiques, comme Sheykh Nasafi et quelques autres[116], appellent ce phénomène d'apparition de l'âme dans un corps vivant, le cas de l'âme apparaissante [*ruh-e boruziyye*]. Il y a encore un autre cas, qui est celui de l'âme apparaissant sous forme imaginale [*tamassoliye*], comme l'apparition de Gabriel à Mohammad sous la forme de Dahya al-Kalbi ou encore celle du Saint-Esprit qui apparut à Marie sous forme humaine, selon ces versets du Coran :

> ... *Nous lui envoyâmes notre esprit. Il lui apparut sous la forme d'un être humain parfait.* [XIX, 17]

14) Les inégalités[117] que l'on observe dans la vie des créatures

---

métaphorique, mâle et femelle renvoient par exemple au soleil et à la lune. Il y a aussi le féminin et le masculin en grammaire mais il n'est pas nécessaire d'en parler ici.

116. Sheykh ʿaziz el-dîn Nasafi, m. en 616 HL. Cf. *Sharh-e Manzumeh* [10], p.314 ; *Riyâz ol-ʿârefin* [2], p. 107.

117. Par exemple, dans l'espèce humaine, il y des gens qui naissent dans des milieux où ils n'ont aucune possibilité de faire des études, de progresser, de bénéficier d'un certain

dépendent en tous points et à tous égards de comptes extrêmement précis concernant leurs actions passées, présentes et futures ou du degré de leur perfectionnement, car Dieu est juste et sa bonté est universelle ;

15) Tout être humain qui ne réussit pas à parcourir pendant sa première vie les mille étapes du perfectionnement pour atteindre la perfection ou l'étape du Vrai, doit être renvoyé sur terre et revêtir successivement différents habits humains dans la limite du délai imparti. Il serait donc logique que dans chaque habit, il garde à l'esprit les souvenirs des vies précédentes qui ont eu un impact sur son âme. Or, excepté dans trois cas particuliers qui seront évoqués plus loin, personne ne se souvient des circonstances et des événements de ses vies antérieures. Pour expliquer cela, les tenants du perfectionnement avancent un certain nombre d'arguments, dont les suivants :

Argument 1 : L'âme n'est pas soumise aux contraintes de la matière. Tant qu'elle séjourne dans le monde intermédiaire et qu'elle est libre de la corporalité et de l'influx vital du réceptacle humain, rien ne lui échappe de l'ensemble des circonstances et des événements de ses vies corporelles passées. Il peut même arriver que certaines déterminations de sa vie à venir lui soit dévoilées à l'avance. En revanche, dès le moment et pendant tout le temps où l'âme est logée dans le corps humain, elle est soumise aux exigences de la nature ; l'opacité sécrétée par la matérialité du corps et par les désirs du soi est telle qu'elle recouvre l'âme et tisse un voile d'oubli entre le présent et le passé. En outre, étant donné que dans chaque habit qu'il revêt, l'individu dispose d'un corps, d'un influx vital et de capacités sensitives et perceptives autres que ceux de ses vies passées, il est évident que tout ce qui a été enregistré dans la mémoire de chacun des habits précédents

---

confort de vie, alors que d'autres bénéficient de toutes sortes de bienfaits de leur naissance à leur mort. De même, parmi les animaux, certains sont toujours prédateurs et d'autres toujours proies, certains sont des espèces nobles, d'autres pas, certains sont forts et d'autres faibles. Tout cela est le résultat de comptes auxquels il a été fait allusion dans ce chapitre.

disparaît avec toutes les autres facultés au moment de l'anéantissement de cet habit. Il n'en reste pas moins que, comme il a été mentionné plus haut, tout est enregistré dans l'âme, dans le monde de l'au-delà.

Argument 2 : Si, au moment du renouvellement de l'habit humain le voile de l'oubli ne s'interposait pas entre les événements des vies précédentes et ceux des vies suivantes, il est évident que les souvenirs passés, présents et à venir se suivraient de manière continue en une seule et même durée. Dans cette hypothèse, la nécessité de la pluralité des étapes du perfectionnement serait abolie ainsi que [la notion d'ultime] avertissement [qui commande] les hauts et les bas indispensables à l'accomplissement de la perfection.

Argument 3 : Si l'on se souvenait de ses expériences antérieures, les individus qui ont eu entre eux des relations bonnes ou mauvaises dans leurs vies précédentes, risqueraient de renouveler ces relations au détriment de l'ordre social ; ou encore, ils risqueraient d'en être éprouvés et affligés, ce qui serait un obstacle à leur perfectionnement.

Bref, d'une façon générale, il est possible d'admettre la validité de chacun de ces arguments, totalement ou en partie ; on pourrait aussi en imaginer d'autres, ou encore considérer qu'il existe des arcanes inaccessibles à la majorité des gens, impénétrables pour l'entendement humain sinon par une connaissance d'ordre divin. En tout état de cause, une chose est sûre et certaine : quelle que soit la raison pour laquelle l'homme ne se souvient pas de ses vies précédentes, elle est nécessairement fondée sur la sagesse de Dieu et la sagesse ainsi que la volonté divines ne s'appliquent jamais sans raison et ne sont pas sans fondement.

A propos des trois exceptions mentionnées ci-dessus, il faut savoir au préalable que *ce qui fait écran à la prise de conscience du contenu des vies précédentes n'est pas tant le corps matériel que cette opacité que sécrètent les passions du soi impérieux et qui obscurcit l'âme d'un écran ténébreux.* Ainsi donc, dans la proportion où l'âme s'affranchit des entraves des illusions engendrées par l'opacité de ses passions, elle réduit l'épaisseur de son inconscience. A telle enseigne que pour certaines personnes, lorsque le corps est en sommeil et que l'âme est libre, des événements du passé ou de l'avenir se révèlent au cours de songes véridiques.

C'est en vertu de ce principe que peuvent s'expliquer les exceptions à la règle de l'oubli telles qu'elles sont présentées par les tenants du perfectionnement :

Exception 1 - Tout être humain se souvient complètement ou partiellement de son passé dès sa naissance et pendant un temps déterminé. Le minimum est de 40 jours, mais le maximum varie selon la capacité de l'âme de la personne et ne saurait être fixé. Voici les modalités d'application de cette exception :

a - Tout nouveau-né humain se souvient de ses vies précédentes à partir du moment où il sort du ventre de sa mère et où son âme est insufflée en lui et tant qu'il n'est pas capable de penser et de se mouvoir par sa propre volonté (par exemple, faire un signe, une allusion, parler etc.), car à ce stade il ne peut pas distinguer que le soi de son corps actuel n'est pas celui de son corps précédent. Il vit donc dans un état où il voit son passé (comme dans un rêve). Puis, à mesure que son corps grandit et que sa pensée se développe, les souvenirs antérieurs s'effacent progressivement de sa mémoire. Assurément, la durée de cette remémoration est très courte, elle ne dépasse pas les premiers mois.

b - Il peut arriver, mais assez rarement, que pour des raisons de composition créationnelle et grâce à une capacité cérébrale *supra*-naturelle, certains enfants conservent dans leur mémoire des souvenirs relatifs à leur vie précédente au-delà de l'âge habituel.

Exception 2 - Elle concerne les points 6 et 12 ci-dessus à propos du parcours du perfectionnement. Si à la suite d'une rétrogradation, une âme humaine est reliée à un animal, on lui remet en mémoire les souvenirs de certains événements importants qu'elle a vécus dans l'habit humain précédant l'habit animal et qui lui ont valu la réprobation et le blâme, afin que cela lui serve d'admonition et de punition. S'il est dit « on lui remet en mémoire », c'est parce que le niveau animal étant inférieur à celui de l'animal-humain, les raisons pour lesquelles l'être humain perd tout souvenir de ses vies précédentes ne valent pas pour l'animal dont le discernement est faible et la pensée limitée. Précisons que seules les causes de la punition lui sont remises en mémoire et non l'ensemble de ce qu'elle a vécu.

Exception 3 - Tout être humain peut accéder à la vision de ses vies précédentes dans la limite de ses capacités. Pour cela, il faut qu'il ait accompli des actes remarquables dans ses vies antérieures; ou que tout au long de sa vie présente, mû par le désir d'obtenir la satisfaction de Dieu, il se soit appliqué à penser bien, parler juste et se comporter correctement et surtout qu'il se soit affranchi des attaches de ce monde au point que les souvenirs des plaisirs et des douleurs de ses vies précédentes n'aient absolument plus aucun effet sur lui, car son âme aura alors maîtrisé les désirs du soi et il aura poli son être comme un miroir.

Ainsi s'achève la présentation des quatre modalités du perfectionnement.

Remarques

La question de la rétribution des actes bons ou mauvais au Jour du Jugement a certes été évoquée plus haut et ce qui devait être dit a été clairement exposé par les envoyés de Dieu dans les livres sacrés et mis à la disposition du plus grand nombre afin de satisfaire les chercheurs spirituels. Cependant, l'auteur de ces lignes n'a pas jugé inutile d'adjoindre à ce chapitre quelques remarques qui devraient permettre de clarifier la question :

Premièrement : *Pour chaque acte, bon ou mauvais, il existe deux sortes de rétribution : d'une part, la réaction qui se produit dans le monde matériel et d'autre part la rétribution spirituelle. Par* exemple, si quelqu'un fait œuvre utile, accomplit un acte de charité avec sincérité ou bien rend service à une personne ou à la société sans rien attendre en retour, il sera respecté et aimé et il recevra la reconnaissance et la confiance de ses semblables. C'est la réaction de son action. Quant à la rétribution spirituelle, il la recevra au Jour de la Résurrection. En revanche si quelqu'un fait le mal, comme réaction terrestre, il récoltera une mauvaise réputation, le mépris de ses semblables dont il perdra la confiance et bien d'autres calamités encore. Et au Jour du Jugement, il en recevra le châtiment spirituel. En d'autres termes, *chaque acte a un effet sur terre [vaz`i]*[118] *et une conséquence « reportée » dans le monde éternel [ghâ`i]*.

Deuxièmement : A ces actes bons ou mauvais correspond une rétribution déterminée qui est valable pour tous ; elle est évaluée dans la balance de la justice divine et appliquée sans discrimination, sachant que s'applique ici la règle suivante : dans sa grâce et sa bonté par laquelle Il favorise ses créatures, *le Très-Haut accorde une récompense dix fois supérieure à la valeur d'un bon acte alors que par sa justice, les mauvais actes ne sont comptés qu'une seule fois et reçoivent un châtiment proportionnel*. Ainsi qu'il est écrit dans le Coran :

> *Quiconque fait une bonne œuvre en recevra une récompense décuplée. A quiconque commet une mauvaise action sera infligée simplement une peine correspondante. Nul ne sera lésé.* [VI, 160]

Troisièmement : la qualité et la quantité des plaisirs et des peines véritables lors de la résurrection éternelle ne sont pas concevables. Car toutes les évocations des bienfaits du paradis et des souffrances de l'enfer, des délices de l'un et des brûlures de l'autre ne sont que des représentations métaphoriques destinées à éclairer les êtres humains et à leur faire globalement prendre conscience de la vérité des rétributions

---

118. Voir note 93, ici, ce mot renvoie bien à l'état, à l'identité que chacun a tant que l'on est sur terre dans un même habit.

dans l'autre monde. En réalité, là-bas, l'intensité des bienfaits et des souffrances est telle qu'elle n'est comparable à rien d'imaginable. En d'autres termes, on ne peut en connaître la réalité tant qu'on n'y a pas goûté, de même que le goût d'une nourriture ne s'apprécie que par le sens gustatif alors qu'aucune description par les mots ne peut en rendre compte. Par exemple, le qualificatif « sucré » s'applique à des produits variés tels le sucre, le miel, les dattes ou les raisins secs etc., mais ce n'est que par le sens gustatif et non par des mots qu'une distinction peut être faite entre ces différentes variétés d'aliments sucrés.

Quatrièmement : *Le châtiment éternel dans l'au-delà ne s'applique qu'aux âmes qui ont reçu l'ultime avertissement dans le monde terrestre.* Par « ultime avertissement », on entend ce que le Créateur juge comme tel et non ce qui est considéré comme un « avertissement » du point de vue des créatures. Ainsi, si quelqu'un n'a pas reçu l'ultime avertissement dans son premier habit humain, alors, parce que Dieu est à la fois juste et le plus miséricordieux des miséricordieux, Il crée les conditions de l'ultime avertissement dans le monde intermédiaire avec les moyens propres à ce monde et ce n'est qu'après, que l'âme en question reçoit le châtiment qui lui a été fixé.

Chapitre Huitième

Les doctrines de la transmigration de l'âme [119]

Voici en résumé les propositions que soutiennent les tenants de la transmigration des âmes ou des « esprits »[120] :

1) Quelle que soit la forme d'un existant dans le monde matériel, au moment de la mort du corps, qui se corrompt et s'anéantit, l'âme est nécessairement transférée dans un autre corps, distinct du premier, bien que formé lui aussi à partir des principes constitutifs de tous les corps au sein de la matérialité ;

2) La migration de l'âme dans le corps suivant doit se faire immédiatement et sans discontinuité ;

3) Entre le moment de la corruption du corps du premier existant et celui de la venue à l'existence du corps du deuxième existant auquel l'âme se rattache, la jonction doit se faire instantanément, sans solution de continuité ;

4) Ils n'admettent en aucune manière que l'on puisse envisager,

---

119. [Ce chapitre est consacré aux idées principales développées par les Anciens sur la transmigration. Aujourd'hui en effet, cette doctrine se subdivise en branches plus variées encore, dont chacune s'efforce de cacher ses points faibles.] ** Sur le sujet du Retour et de la transmigration, voir le Commentaire au *Livre de la Sagesse orientale* de Sohravardi (trad. H. Corbin, Paris : Verdier).

120. Étant donné que les philosophes emploient ces deux mots (âme et esprit) dans un même sens, nous les emploierons ici indifféremment.

dans la transmigration des âmes, un commencement et une fin, l'amorce d'un processus et son achèvement, un point de départ et une destination, un but ou une finalité, et ils soutiennent que tout existant doit poursuivre indéfiniment le cycle des renaissances ;

5) La question de la Résurrection et du Jugement dernier n'a pas de sens pour eux. Ils sont de l'opinion que c'est en ce monde que chaque être reçoit le châtiment, la récompense ou toute autre réaction de ses actes, précisément dans le cadre de la transmigration. C'est-à-dire que si dans l'un de ses corps un être a accompli une action bonne ou mauvaise, il en récoltera nécessairement les fruits dans le ou les corps suivants ;

6) Les doctrines de la transmigration se divisent en de multiples branches dont on peut citer les suivantes :

Les mansûkhites : Selon eux, après la mort et la corruption du corps, l'âme humaine est transférée dans un autre corps humain ; il s'opère un « remplacement » [*naskh*] ;

Les masûkhites : Ils pensent que selon le comportement et les actions bonnes ou mauvaises de l'être humain habitant un corps, après la mort, l'âme peut transmigrer dans le corps d'espèces animales, aussi diverses que les mammifères, les insectes, etc. Par exemple, ceux qui ont été cupides transmigrent dans un corps de fourmi ou de porc, les voleurs reviennent en souris ou en corbeau, etc. C'est ce qu'on appelle la « zoomorphose » [*maskh*][121] ;

Les fasûkhites : Ils partagent les mêmes croyances que les masûkhites, mais ils y ajoutent la possibilité pour les âmes humaines de transmigrer dans différentes espèces de végétaux, des herbes jusqu'aux arbres... Cette forme de transmigration est appelée « dissolution » [*faskh*] ;

---

121. ** Cf. Sohravardi, *op. cit.*, p. 204-205 (§230, 232) ; Qotb al-din Shirâzi, *ibid.*, p. 39, Mollâ Sadrâ, *ibid.*, p. 604 et 606.

Les rasûkhites : Ils ont les mêmes croyances que les masûkhites et les fasûkhites, mais ils pensent qu'après la mort, les âmes humaines peuvent également transmigrer dans un être du règne minéral, terre, pierre, etc. On appelle cela « solidification » [*raskh*]. [...] ;

Les so'ûdites[122] : Il existe enfin une autre doctrine, celle des so'ûdites. Selon certains, ils constituent la cinquième branche des transmigra-tionnistes. D'autres les assimilent aux adeptes du système du perfectionnement. Quoi qu'il en soit, les so'ûdites, contrairement aux quatre écoles précédentes, sont d'avis que la transmigration des âmes ou le mouvement du perfectionnement s'effectue de l'inférieur au supérieur, et non le contraire. Selon eux, l'âme végétale transmigre degré par degré, de l'inférieur au supérieur, pour parvenir finalement au niveau le plus bas du règne animal. Puis, de la même façon, l'âme animale transmigre degré par degré de l'inférieur au supérieur, jusqu'à son entrée dans un corps humain. Quant à l'âme humaine, après la mort, elle transmigre dans un corps astral.

Les différentes doctrines transmigrationnistes ayant été rappelées, examinons à présent, afin de les soumettre à l'appréciation du lecteur, quelques-unes des raisons invoquées par les spécialistes pour établir la fausseté de ces doctrines.

1) La transmigration des âmes est considérée comme fausse par la majorité des communautés humaines ainsi que par les religions telles que l'islam, pour lesquelles la Résurrection – des corps, des âmes etc. – fait partie des principes premiers.

2) Il est absurde de penser qu'au moment même où l'âme abandonne la coordination du corps parce que celui-ci se décompose et ne peut plus être régi, elle doive être transférée vers un autre corps physique relevant lui aussi de la condition matérielle. En effet tout corps, dès sa création, est nécessairement doté d'une potentialité propre. Lorsque la

---

122. ** Litt. les « ascendentistes ».

potentialité de ce corps se réalise et que celui-ci acquiert les effets de sa complexion propre en vertu de l'enchaînement causal issu de la Cause des causes, alors y est rattachée l'âme advenante, et ceci par la volonté de l'Être nécessaire, Celui qui, sans ajournement ni solution de continuité, dote les corps des âmes qui les régissent. Autrement dit, par la seule vertu de la causalité issue de la Cause Première d'où découlent toutes les causes – c'est-à-dire de l'essence de l'Être nécessaire –, chaque corps qui en acquiert l'aptitude et l'habilité est doté, sans ajournement ni retard, d'une âme advenante qui le régit.

Cela dit, si nous supposons que l'âme migrante (*nafs-e montaqeleh*) dont nous parlions plus haut et l'âme advenante que nous venons d'évoquer se rencontrent, nous sommes nécessairement conduits à admettre la réunion de deux âmes différentes dans un seul corps, ce qui tombe sous la règle logique selon laquelle : « Si la conséquence est fausse, l'antécédent l'est aussi »[123]. En effet, selon la nature des choses, un corps ne peut recevoir plus d'une âme advenante ; d'autre part, conformément à la logique, deux âmes, l'une advenante et l'autre migrante, qui sont par essence chacune indépendante, ne peuvent être réunies en un seul corps. Quant à soutenir que l'âme migrante constitue un obstacle à l'advenance de l'âme advenante dans le corps dans lequel elle a été transférée, ou encore qu'elle dissout l'âme advenante en elle, ce serait adopter une position absurde et sans fondement, car aucune de ces deux âmes n'a sur l'autre une préséance ou une précellence qui lui permettrait d'écarter l'autre ou de la dissoudre en elle. Par conséquent, comme on l'a déjà dit, l'idée que deux âmes puissent se réunir en un seul corps ne peut être qu'erronée.

---

123. ** Ici, la conséquence est la contradiction résultant de la réunion de deux âmes en un corps ; l'antécédent est l'hypothèse discutée, à savoir la transmigration d'une âme vers un nouveau corps immédiatement après la mort physique. On a donc administré une preuve « par l'absurde ». Cette objection est présentée par Sohravardi (*op.cit.*, p.204, §231), et développée dans la glose de Qotb al-din Shirâzi, *ibid.*, p.396 (§14) et dans celle de Mollâ Sadrâ, *ibid.*, p.618 (§577).

3) L'âme est par essence liée au corps, et en toutes circonstances, quel que soit l'état ou l'évolution des choses, ils forment invariablement à eux deux une combinaison naturelle, unitive et fusionnelle. C'est-à-dire que dès qu'elle advient à l'être et qu'apparaît le noyau existentiel, l'âme est une réalité en puissance, de même que le corps attaché à cette âme est une réalité en puissance. Et c'est conjointement qu'ensuite, grâce aux mouvements graduels et transubstantiels de la quintessence, ils franchissent tous deux les degrés qui mènent à la dernière étape de l'arc ascendant puis descendant, des forces corporelles et spirituelles. Ainsi par exemple, l'embryon devient fœtus puis progresse jusqu'au faîte de l'arc ascendant qu'est la jeunesse, pour, de là, parcourir l'arc descendant qui conduit à la vieillesse, à la mort, à la corruption et à la décomposition du corps. A travers tous ces différents états, l'être se développe à la fois spirituellement et corporellement ; son âme et son corps se renforçant et se fortifiant mutuellement, et chacun actualise ce qu'il est en puissance.

Ce n'est qu'après la mort que le corps périssable se démarque de l'âme éternellement vivante. Ainsi, entre l'âme qui a transmigré et qui est donc déjà passée de la puissance à l'acte, et l'âme advenante, qui n'est pas encore passée de la puissance à l'acte, il y a incompatibilité et une différence fondamentale. C'est pourquoi leur combinaison et leur conjonction en un seul corps est proprement impossible.

4) Comme on l'a dit, les doctrines de la transmigration considèrent qu'il est impossible qu'intervienne le moindre intervalle, le moindre ajournement dans la migration de l'âme d'un corps à un autre. Pourtant l'instant (si infime soit-il) qu'il faut à l'âme migrante pour quitter son corps et rejoindre le nouveau corps qui lui est attribué, correspond bien à un intervalle temporel et suffit à mettre en évidence la fausseté des doctrines de la transmigration.

5) Selon la confession du Bouddha ainsi que des Anciens philosophes transmigrationnistes de Babel et de Perse, la

liaison entre le moment de la mort du corps d'un premier existant et celui où un deuxième existant vient à l'être, se fait de la manière suivante.

La première demeure de la Lumière Gouvernante [*Espahbad*] est la citadelle[124] humaine. Cela signifie que le premier corps où descend l'essence spirituelle immatérielle est le corps humain, détenteur de toutes les facultés, et que ces philosophes considèrent comme le seuil des seuils [l'accomplissement] de la vie de tous les corps élémentaux des animaux terrestres. Ainsi, après la mort et leur séparation d'avec le corps matériel terrestre, les âmes humaines se répartissent en plusieurs catégories :

1) Les bienheureux parfaits[125] : ils sont immédiatement transférés vers l'assemblée céleste du monde intelligible lumineux et y sont reliés pour l'éternité ;

2) Les bienheureux imparfaits, c'est-à-dire ceux qui ont atteint un degré intermédiaire et incomplet : en proportion du mérite ou démérite de leurs actes et de leurs intentions, ils migrent dans un corps humain ou dans celui d'un animal supérieur ou intermédiaire ;

3) Les âmes misérables : en fonction de l'intensité du châtiment qu'elles ont mérité, elles sont transférées dans des corps d'animaux inférieurs, tels que les bêtes féroces ou venimeuses, les animaux nuisibles ou ceux qui, comme les porcins, marchent la tête baissée[126], et cela en rapport avec le comportement qu'elles ont eu dans le corps humain.

A présent nous allons passer en revue les arguments qui permettent de réfuter les propositions que l'on vient d'exposer.

---

124. ** Il s'agit là du lexique sohravardien. La Lumière *Espahbad* c'est l'essence immatérielle de l'âme ; la « citadelle » humaine désigne le corps humain. Cf. Sohravardi, *op. cit.*, p. 203-204, p. 394 (§7, 9) ; Mollâ Sadrâ, *ibid.* p. 609-610 (§570, 572).
125. Cf. Appendice 8 (les différentes catégories d'âmes humaines après la mort, extrait du *Asfâr*).
126. ** Cf. Coran [XVII, 99].

Premier argument : si nous adoptons l'hypothèse qu'un intervalle temporel s'écoule entre le moment de la corruption du corps du premier existant et celui de la venue à l'être du deuxième existant, et que donc ces deux moments ne sont pas concomitants, il est nécessaire d'admettre qu'un hiatus se produit dans l'être de l'existant, alors [même] que l'on a admis par hypothèse que l'existence de l'existant ne saurait être interrompue.

Deuxième argument : la relation matérielle qui s'avère nécessaire pour que s'opère la jonction entre le moment de la corruption du corps humain et celui de la venue à l'existence d'un nouvel être vivant n'a été ni démontrée ni prouvée. Les faits tendraient même plutôt à indiquer qu'une telle relation n'existe pas. Quant à la seule autre possibilité, à savoir que cette relation nécessaire existerait dans le monde immatériel, c'est une affirmation qui reste à prouver, or « c'est à ceux qui affirment qu'incombe la charge de la preuve. »

Troisième argument : si l'on admet la simultanéité des moments de la corruption du corps humain et de la venue à l'être d'autres existants, il faudrait alors que sur terre le nombre des corps animaux en génération soit égal à celui des corps humains en corruption. En effet, si le nombre des corps humains en corruption était supérieur au nombre des corps animaux en génération, cela impliquerait la co-existence de plusieurs âmes humaines dans un seul corps animal, ce qui est absurde. Si une telle chose se produisait, l'organisation du corps en serait troublée et cela contrarierait l'ordre nécessaire de la nature et de l'ensemble de la création, puisqu'un corps unique ne peut être régi que par une âme unique. Mais dès lors que l'accumulation de plusieurs âmes dans un seul corps est rendue impossible, l'ensemble des âmes ou du moins un certain nombre d'entre elles, devront demeurer quelque temps en attente. Or, comme nous l'avons signalé plus haut, une interruption dans l'existence n'est pas concevable, et tous les philosophes s'accordent à dire « qu'il n'y a point d'interruption en l'existence ».

A l'inverse si le nombre des corps animaux en génération est supérieur à celui des corps humains en dissolution, une âme humaine unique serait rattachée à plusieurs corps d'animaux à la fois et dès lors, chacun de ces animaux serait le même qu'un autre que lui-même. Ainsi, une âme humaine rattachée au corps de l'animal A, serait en même temps rattachée à celui des animaux B, C, etc., ce qui défie l'entendement. Si par ailleurs une âme migrante unique ne peut se rattacher qu'à un seul corps, et que les corps animaux en excédent se voient, eux, attribuer une âme advenante, il y a là à coup sûr une distinction parfaitement arbitraire. Et dans le cas où ces corps animaux en excédent ne recevraient pas d'âmes advenantes, ils resteraient sans âme et inertes, ce qui est impossible.

En outre – tout un chacun peut le constater et il n'y a aucun doute là-dessus – les êtres nouvellement engendrés (qu'il s'agisse de reptiles, d'insectes ou de toute autre espèce) l'emportent largement en nombre sur ceux qui sont en dissolution, et en particulier sur ceux du genre humain. Ainsi compte-t-on en une seule journée plus de naissances de fourmis, de moustiques ou d'animaux marins (surtout de poissons), que de morts humaines pendant plusieurs années, ce qui met en lumière la fausseté de la théorie de la transmigration.

6) L'absurdité des doctrines de la transmigration, qui ne reconnaissent pas de début ni de fin aux pérégrinations de l'âme, tient à ce qu'elles ne prennent pas en compte le fait que chaque existant (hormis Dieu le Très-Haut, qui n'a ni commencement ni fin) doit nécessairement avoir un début et une fin, une provenance et une destination, un but déterminé, ce qui rend ces doctrines aberrantes, tant au point de vue spirituel que matériel.

7) Les doctrines de la transmigration ne reconnaissant ni compte à rendre, ni jugement dernier, ni rétribution éternelle, il s'ensuit de nombreuses inconséquences, parmi lesquelles on peut citer les suivantes :

Premièrement : Rappelons tout d'abord que les religions du Livre croient toutes en la Résurrection, au Jugement dernier et en la rétribution ;

Deuxièmement : Si l'on part de l'hypothèse qu'il n'y a pas de résurrection éternelle, il n'y a pas non plus, en bonne logique, de survivance de l'âme ; et s'il n'y a pas survivance de l'âme, on est réduit à admettre l'opinion des matérialistes selon laquelle « ce qui est mort n'est plus ». Sans compter que cela introduirait un grand désordre dans l'organisation de la société humaine, car celui qui ne croit pas en la Résurrection n'a aucune raison de s'abstenir des choses illicites ;

Troisièmement : S'il n'y a pas survivance de l'âme, il n'y a alors pas lieu non plus de considérer la migration de celle-ci de corps en corps. Quelle que soit la manière dont on la définisse, cette dernière devient inconcevable.

Il existe d'autres arguments démontrant l'inanité des propositions développées par les tenants de la transmigration, toutefois ceux qu'on vient d'exposer devraient suffire[127] à convaincre les personnes raisonnables.

Précisons que les partisans de la transmigration ont essayé de défendre leur position et de répondre aux objections de leurs adversaires en invoquant des raisonnements sophistiques. Mais attendu que l'ensemble de ces raisonnements fallacieux a été réfuté par les experts en la matière à l'aide d'arguments techniques et logiques, il nous a paru inutile de les rapporter ici en détails, ce qui du reste dépasserait le cadre d'un ouvrage qui se veut bref et concis.

---

127. Cf. Appendice 9 (bibliographie des penseurs réfutant la transmigration).

CONCLUSION

Ce livre, *Connaissance de l'âme*, s'achève ici. C'est de tout cœur que je remercie le Seigneur tout-puissant de m'avoir accordé la grâce d'en achever l'écriture. De plus, je demande au lecteur de pardonner les éventuelles fautes, erreurs ou imperfections qu'il pourrait relever car voilà, en toute humilité, toute la connaissance dont j'ai pu faire preuve. En outre, il faut signaler que tout ce qui a été rappelé dans cet ouvrage sur les divers sujets concernant le monde spirituel (que ce soit la Résurrection, le cycle du perfectionnement, etc.), a été extrait des travaux de personnes qualifiées et ne relève pas simplement de mon opinion personnelle. En effet, ainsi que cela a été dit au début de cet ouvrage, en dehors de Dieu, personne ne peut connaître les secrets du monde spirituel. Comme il est dit dans le Coran :

> *Et auprès de Lui [Dieu] sont les clés de l'Invisible et personne, en dehors de Lui, ne les connaît.* [VI, 59]

> *Dis : en dehors de Dieu, personne, ni au ciel ni sur terre, ne connaît l'Invisible et ils ne savent pas quand ils seront ressuscités.* [XXVII, 65]

Dans ces conditions, nous espérons que les savants s'abstiendront de critiquer l'auteur de ce livre sur des points de détails même s'ils relèvent quelqu'erreur ou quelqu'imperfection.

Cet ouvrage a été achevé le 30 avril 1968.

APPENDICES[128]

1 (1) - Arguments et démonstrations de l'absurdité de la régression à l'infini (*dowr va tasalsol*)[129].

a) **Cercle** (*dowr*) : il consiste en une rotation de l'existence de causes et de causés qui, établie entre deux choses, est appelée rotation explicite, et entre plusieurs choses, rotation implicite, car chacune de ces deux ou plusieurs choses, dépend, pour son existence, d'une autre. En d'autres termes, chacune de ces deux ou plusieurs choses serait dans un rapport mutuel de cause et de causé, impliquant la réunion de contradictoires ou la précédence de la chose sur l'essence, ce qui est proprement impossible.

b) **Enchaînement** (*tasalsol*) : il consiste en la constitution d'une remontée des causes et des causés soumise aux conditions suivantes :

- Le premier point donné de l'arc de la descente initiant l'arc de la remontée doit être un causé qui ne soit pas cause de ce qui lui est inférieur ;

---

128. ** Les appendices insérés par l'auteur sont au nombre de 25, mais ici, tous ceux qui ne contenaient que les textes originaux en arabe traduits en persan par l'auteur dans les chapitres ont été omis puisqu'une traduction française en a déjà été donnée dans le texte lui-même. Cependant les numéros des appendices d'origine sont signalés entre parenthèses.
129. ** L'expression signifie littéralement « cercle et enchaînement » et cet appendice explicite à la fois l'expression et le concept.

- Les autres points donnés de la remontée des causes et des causés doivent être considérés chacun comme cause de ce qui leur est inférieur et effet de ce qui leur est supérieur ;

- La remontée des causes est supposée se poursuive à l'infini, c'est-à-dire qu'elle n'aboutit pas à un point d'où l'esprit puisse imaginer le renouvellement d'un cycle récurrent ou l'arrêt de celui-ci ;

- Cela ne doit être ni un enchaînement relatif ni un enchaînement récurrent. En effet la relativité de l'enchaînement relatif est toujours fixée dans des limites déterminées ; ce n'est pas un enchaînement réel. Quant à l'enchaînement récurrent, l'existence de tout causé postérieur, attribué à l'existence de la cause antérieure à soi et ainsi de suite jusqu'à l'infini, ne peut se concevoir qu'à l'encontre de l'existence en acte, comme par exemple le rapport entre les descendants de l'homme et l'enchaînement ascendant des ancêtres.

Si donc nous prenons en compte les conditions ci-dessus, chaque fois que toutes les prémisses d'un enchaînement réel sont réunies dans un objet, cet enchaînement est aberrant en raison de multiples arguments dont les arguments *intermédiaires, de corrélation, de coordination*, et pour les raisons suivantes :

1) **Principe des intermédiaires** : Puisque, conformément à la raison, tout enchaînement ou série doit nécessairement comprendre, un terme initial et un terme final qui sont ses deux limites extrêmes, le ou les termes se trouvant entre les extrémités sont posés comme intermédiaires afin que soit réalisé un rapport de concordance entre les deux extrémités. L'une des extrémités est pur « causé », et l'autre, pure « cause » et chacun des termes intermédiaires représente la cause de ce qui lui est inférieur et l'effet de ce qui lui est supérieur. Or, si l'on suppose cette série ou cet enchaînement illimité, il est clair qu'une extrémité se trouvera toujours déficiente et sans terminaison, et l'autre discordante et

inintelligible. Avicenne, dans son ouvrage *Asfâr*, déclare, à propos de ce principe, qu'il est le principe le plus solide de sa démonstration.

2) **Principe de corrélation** : Le rapport entre deux termes doit être tel que chacun des deux concepts doit nécessiter le concept de l'autre et ils doivent se suffire l'un à l'autre. Dans cette perspective, ces deux concepts sont corrélés, et ce qu'il y a entre eux, c'est un rapport de corrélation. Il s'ensuit que dans une série dont le terme initial est pur causé, le terme final doit être pure cause, sinon la corrélation entre les deux termes est abolie et le premier causé restera sans cause.

3) **Principe de coordination** : Coordination entre deux prédicaments, dont le plus évident de tous est celui selon lequel deux séries de causes et de causés coïncident et qu'elles sont symétriques, car chaque unité de la série de degrés est causée par le degré supérieur et cause du degré inférieur. Par conséquent, si on pose qu'une série de degrés hiérarchiques, dans le sens de la remontée, est infinie et qu'elle n'aboutit pas à la cause absolue qui est la Cause des causes de manière à respecter la symétrie, alors il est certain que le premier causé devient logiquement superflu et reste dans la position de causé. Dans ce cas, il y aurait nécessairement équivalence entre le superflu et l'incomplet ou entre la partie et le tout, ce qui est logiquement irrecevable.

4) **Principe *al asad-ol akhsar*** [130] : Étant donné que nul causé ne peut exister sans la précédence de l'existence de la cause qui l'a fait apparaître - si l'on pose un enchaînement infini de causes et de causés, nécessairement chaque terme de l'enchaînement en question ne peut venir à l'être, puisque, dans l'hypothèse de l'infinité, la possibilité de l'existence de la cause antérieurement à l'existence du causé disparaît, si bien qu'aucun des termes de l'enchaînement causal hiérarchique ne

---

130. **Il s'agit littéralement du « principe raccourci du lion », à savoir l'idée qu'en voyant la trace de pas d'un lion, on peut conclure avec certitude et sans autre médiation, à l'existence du lion.

peut s'ordonner ni se réaliser. Il est donc nécessaire que l'enchaînement causal aboutisse à la Cause Première ou Cause des causes pour que puissent exister les causes et les causés subséquents.

Pour une étude plus détaillée des arguments cités, consulter : *Asfâr*, ancienne édition, vol. 1, p. 145 et nouvelle édition, vol. 2, p. 145 ; *Falsafe-ye `Âli*, vol. 1, p. 104 ; *Manzûme-ye Sabzevâri*, première édition, p. 129 ; *Hekmat*, vol. 4, p. 103 ; *Sarh-e Tajrid-e Alâmeh*, p. 68 ; *Kefâyat al-movahhedîn*, vol. 1, p. 19.

2 (5) – Poème de Sheykh Amir cité au chapitre 1 :

> *Nous sommes « h » et « q » [les deux lettres qui composent le mot haqq, littéralement le « vrai », la « vérité » et le « droit » mais aussi l'un des noms de Dieu].*
>
> *Nous sommes les voyageurs du chemin de « h » et « q »*
>
> *Nous croissons par la grâce de la volonté du Roi*
>
> *Nous sommes les apprentis du maître tisserand*
>
> *Le maître a tissé le pacte dans la trame de la promesse*
>
> *Il a posé sur moi un regard bienveillant et m'a mis entre les mains le métier à tisser*
>
> *Voilà la grâce qu'il a faite et pour être fidèle au pacte, il faut se mettre au travail du tissage*
>
> *Il n'y aura aucun préjudice à agir selon le plan [de tissage] qu'il a établi*
>
> *Si Dieu me vient en aide et que le destin n'est pas contraire*
>
> *Je prendrai en mains ce tissage et m'empresserai de tisser.*

3 (11) – Tableau des versets du Coran traitant de la question de la Résurrection et du Retour (les S indiquent les sourates et les v, les versets) :

S	v	S	v	S	v	S	v	S	v	S	v
2	28	6	108	19	40	28	70	32	11	43	85
	46	8	44	21	35		88	35	4	45	15
	156	10	4		93	29	8	36	22	57	5
	210		23	22	76		17		83	89	28
	245		46	23	60		57	39	7	96	8
	281		56		99	30	11		44		
3	83		70		115	31	15	40	77		
	109	11	4	24	64		22	41	21		
6	36		34	28	39		23		50		

4 (12) – Argumentation démontrant l'impossibilité de rétablir à l'être ce qui a été anéanti, l'argument du prédateur et de la proie ainsi que l'affirmation de l'évidence.

Il s'agit de l'exposé détaillé (en grande partie avec des citations en arabe) de l'argumentation scolastique classique qui fait partie de la tradition de la *disputatio* entre philosophes musulmans et théologiens concernant la nature de la résurrection corporelle. On ne donnera ici que les conclusions que Ostad Elahi tire de ce débat qui reste à bien des égards un exercice de pure rhétorique, ce qui le rend presque intraduisible. La totalité du débat peut être consultée dans les références données par Ostad Elahi à la fin de cet appendice. Ainsi :

Premièrement : chacun des arguments avancés d'une part, par ceux qui soutiennent l'impossibilité de rétablir à l'être ce qui a été anéanti et d'autre part, par ceux qui croient possible ce rétablissement, mérite d'être discuté en soi et d'être pris en considération car cette question est si complexe et difficile qu'elle ne peut être aisément résolue. La seule chose qui pourrait s'avérer décisive et certaine dans ce domaine et qui pourrait lever tout doute, toute incertitude et toute confusion, serait l'évidence et la réalité même de la Résurrection, du Retour au lieu du Retour qui aura lieu pour tous les existants selon les modalités reconnues et acceptées par l'ensemble des religions du Livre ;

Deuxièmement : étant donné que sur cette question, il existe de nombreux écrits formulés par des spécialistes mais que la longueur de ceux-ci dépasserait largement les limites assignées au présent ouvrage, ceux qui souhaitent en savoir plus pourront, si cela s'impose se référer aux ouvrages suivants :

Kefâyat al-movahhedîn [9], vol. 3, p. 45, l.8 et suivantes ; *Asfâr*, ancienne édition[131], vol. 1, p. 86, l.14 et *Asfâr*, nouvelle édition [11], vol. 1, p. 353, l.4 (au sujet de « l'impossibilité de rétablir à l'être ce qui a été anéanti » et jusqu'à la fin ; *Asfâr*, ancienne édition[132], vol. 2, p. 328, l.30 et *Asfâr*, nouvelle édition [11], vol. 9, p. 167, l.1 (au sujet de l'argument du prédateur et de la proie).

5 (14) – Tableau des versets du Coran traitant de la question de la résurrection corporelle :

S	v	S	v	S	v	S	v	S	v	S	v	S	v	S	v	S	v
1	4	10	46	19	67	27	4	34	8	43	83	51	9	58	6	79	1
2	28		47		80		64		9	44	34		10		7		2
	223		48		95		65		26		35		11	60	3		3
	259		53	20	55		66		29		36		12		13		4
	260		56	21	39		67		30	45	24		13	64	7		5
3	9	11	3		40		68	35	9		25		14	67	15		6
	25		4		49	29	5	36	12		26		59		24		7
	55		7	22	5		19		32	46	6		60	70	26		8
	158		111		6		20		78		17	52	1	75	1		9
4	87	12	107		7		21		79		18		2		2		10
5	96	13	5		17		36		80		19		3		3		11
6	12	14	31		55		64		81		33		4		4		12
	15	15	25		56	30	7	37	16		35		5		5		13
	16		92		57		8		17	50	2		6		6		14
	36		93		69		11		18		3		7		36	80	22
	51	16	1	23	16		19		19		4		8		37	83	4
	60		33		35		20		20		5		9		38		5
	62	17	10		36		25		21		6		10		39		6
	72		18		37		27	39	7		7		11		40		10
	154		19		81		40	40	27		8		12	76	7		11
	164		20		82		43		39		9	53	40	77	1		12
7	25		21		83	31	15		57		10	54	41		2		13
	29		49		84		16		59		11	54	26		3	86	8
	57		50		85		23	41	39		15		46		4		9
	147		51		86		24		50	51	1		51		5		10
9	94		52		87		28	42	15		2	55	31		6	95	7
10	4		97		88	32	10		17		3	56	47		7		8
	11		98		89		11		18		4		48	78	1	96	8
	15		99		90	34	3	43	11		5		49		2	100	9
	23	18	21	25	11		4		14		6		50		3		10
	35	19	40		40		5		65		7		62		4		11
	45		66	26	227		7		66		8	57	20		5	107	1

---

131. **Les références de l'« ancienne » édition par opposition à la nouvelle n'ont pu être trouvées.
132. **Voir note précédente.

6 (21) – Quelques vers de Sheykh Amir au sujet de la mille et unième étape du parcours du perfectionnement.

Sur le sujet des mille étapes du perfectionnement, Sheykh Amir qui fut une figure mystique éminente parmi le *Ahl-e Haqq*, a écrit (en langue kurde) :

> *Toujours, selon le compte des mille et une étapes, lorsque Canope apparaît, l'un des espaces s'enflamme et mille espaces bulgares en sont embaumés*[133].

7 (23) – Les principales divergences entre la doctrine de la transmigration et celle du perfectionnement.

Selon les tenants du perfectionnement, si une âme, dans son premier habit humain, parvient à la perfection, que ce soit par ses propres efforts ou grâce à l'approbation divine, le but est atteint. Mais si par négligence, par fainéantise, par égarement ou pour toute autre raison, l'âme ne réussit pas à franchir ses mille étapes pendant sa première vie et qu'elle revient de nouveau dans un ou plusieurs corps de suite, il ne faut pas pour autant prendre cela pour de la métempsycose. Aucun des arguments avancés par les théosophes, les philosophes et les docteurs de la Loi en vue de démontrer la fausseté de la métempsycose n'est applicable au processus du perfectionnement auquel on s'est référé jusqu'ici et qui se trouve expliqué dans ce livre. En effet, entre les tenants de cette forme de perfectionnement et les partisans de la métempsycose, la divergence est totale. De fait :

---

133. ** Ostad Elahi en donne l'interprétation suivante dans *Borhân al-Haqq* [13], p. 177 : « Voici l'exégèse de ces vers : 'toujours' signifie depuis le début de la création jusqu'à la fin des temps. Le 'compte' renvoie aux cinquante mille ans et toutes ces choses auxquels il est fait allusion dans le Coran. 'L'espace' (*ku*) signifie littéralement, 'lieu de passage, quartier, rue' mais c'est une expression consacrée spirituelle qui renvoie aux mille et une étapes [...]. Les effets produits par l'apparition de l'étoile 'Canope' sur certains objets (en particulier sur le cuir de Bulgarie) en des lieux et à des moments particuliers sont connus de tous. C'est pourquoi l'éclat de la grâce et de la munificence divines est exprimée par la métaphore de Canope tandis que le cuir de Bulgarie renvoie aux étapes du perfectionnement. Quant aux autres métaphores, elles sont suffisamment claires pour se passer de commentaire. »

1) Les partisans de la métempsycose ne reconnaissent pas de début et de fin, ni de but particulier aux transmigrations successives des âmes. Ils n'imaginent donc aucune origine ni aucun lieu de retour éternel pour ces âmes. Les tenants du perfectionnement, en revanche, croient fermement en l'existence d'une origine et au Retour par le biais du parcours des mille étapes du perfectionnement, qui correspond selon certains, au délai de cinquante mille ans précédant la Résurrection ;

2) Les partisans de la métempsycose n'admettent le châtiment et la récompense de nos bonnes et mauvaises actions que dans ce monde et dans le cadre de la transmigration, et non dans l'autre monde et dans le cadre d'une résurrection éternelle. Ils ne croient pas non plus au monde intermédiaire. Les tenants de la doctrine du perfectionnement, eux, croient en la récompense et au châtiment aussi bien dans ce monde que dans l'autre. Ils reconnaissent également la Résurrection et l'existence d'un monde intermédiaire ;

3) Les partisans de la métempsycose croient en la translation discontinue de l'âme migrante vers le corps humain advenant à l'existence. Les tenants de la doctrine du perfectionnement, pour leur part, pensent que le parcours du perfectionnement se fait par l'intermédiaire de l'âme céleste humaine, qui est autre que l'âme advenante de l'homme. Lorsqu'elle sort d'un premier corps pour entrer dans un deuxième corps, cela ressemble aux mouvements de la respiration et non à une translation ou au transfert d'un corps à un autre. Autrement dit, sa sortie du premier corps et son entrée dans le deuxième corps correspondent à l'expiration et à l'inspiration de l'âme-souffle. Car l'âme céleste humaine est un élément qui vient s'ajouter à la substance naturelle composite de l'âme advenante de l'homme, et ces deux âmes n'ont absolument rien à voir l'une avec l'autre. C'est pourquoi, la contradiction résultant de la présence en un seul corps d'une âme en puissance et d'une âme en acte, de même que tous les autres

arguments réfutant les positions transmigrationnistes[134] ne concernent pas [la doctrine du perfectionnement].

8 (24) – Selon les tenants de la métempsycose, les catégories des âmes humaines sont les suivantes :

Cité dans *Asfâr*, vol. II, p. 285 (ancienne éd.) et vol. IX, p. 6 (nouvelle éd.) [11] :

1) Parfait en connaissance et parfait en pratique ;

2) Parfait en connaissance et moyen en pratique ;

3) Parfait en connaissance et faible en pratique ;

4) Moyen en connaissance et parfait en pratique ;

5) Moyen en connaissance et moyen en pratique ;

6) Moyen en connaissance et faible en pratique ;

7) Faible en connaissance et parfait en pratique ;

8) Faible en connaissance et moyen en pratique ;

9) Faible en connaissance et faible en pratique.

9 (25) – Quelques références concernant la réfutation des opinions transmigrationnistes :

En cas de nécessité, on pourra se référer à ce sujet aux ouvrages philosophiques et théologiques suivants :

1) *Asfâr*, cyle 4, livre 6, vol. II, p. 188 sq (ancienne éd.)[135], et vol. IX, p. 2 sq (nouvelle éd.) [11] ;

2) *Sharh-e Manzume* [10], p. 311 ;

3) *Kefâyat al-movahhedin* [10], vol. III, Introduction 4, p. 62.

---

134 ** Ostad Elahi revient plus précisément sur l'ensemble de ces arguments au chapitre 8.
135. Voir note 131.

BIBLIOGRAPHIE

N.B : Étant donné que les détails bibliographiques ne sont pas donnés dans le texte, on a tenté de les retrouver sans toujours pouvoir remonter aux éditions utilisées par l'auteur (dans le cas des ouvrages dont la date de parution citée ici ne concorde pas avec la date de parution de *Connaissance de l'âme*).

ŒUVRES CITÉES PAR L'AUTEUR

[1] BAHRÂNI Hâshem b.Soleymân al-, *Al-Borhân fi tafsir al-Qor`ân*, Téhéran, s.d, 5 vols.

[2] HEDÂYAT Rezâ Qoli Khân, *Riyâd al-`ârefin*, Téhéran : 1955 (1334).

[3] HELLI al-`Allâmeh al-, *Sharh Tajrid : Kashf al-morâd fi sharh al-tajrid al-e`teqâd* [commentaire du *Tajrid al-e`teqâd* de Nâser al-din Tusi par son célèbre disciple], Beyrouth : 1973.

[4] KÂSHÂNI Mollâ Mohsen Feyz al, *Al-Sâfi fi tafsir al-Qor`ân*, Téhéran : 1847 (1er éd. litho).

[5] KOLEYNI Mohammad b. Ya`qub al-, *Al-Osul men al-kâfi*, éd. Mustafavi, Téhéran : s.d, 4 vols.

[6] MAJLESI Mohammad Bâqer al-, *Bahâr al-anvâr*, éd. Kumqâni, Téhéran : Amin al-zarb, 1887/98 (1305/15).

[7] MOSLEH Javâd, *Ketâb-e falsafey-e `âli yâ hekmat-e Sadr al-muta`allahin* (résumé en persan des *Asfâr* de Mollâ Sadrâ [11]), Téhéran : 1952 (1331).

[8] QAZVINI Najm al-din Dabirân Kâtib, *Shamsiyya fi`l-manteq*, Istambul : 1933 (1312).

[9] QODDUSI Seyyed Esmâ`il b. Ahmad al-`Alqwi al-, *Kefâyat al-movahhedin fi `aqâ`ed al-din* (en persan), Téhéran : 1953 (1332), 3 vols.

[10] SABZEVÂRI Hâjj Mollâ Hâdi, *Sharh-e Manzumeh*, éd. Izutsu/Mohaqqeq, Téhéran : 1969 (1348).

[11] SADRÂ Mollâ (Sadr al-din Muhammad ibn Ibrâhim al-Shirâzi), *Asfâr : al-hekmat al-mot`âliya fi al-Asfâr al-arba`a al-`aqliya*, éd . Lotfi, Qom : 1960-1965 vol.

ŒUVRES DE OSTAD ELAHI (PUBLIÉES À CE JOUR) :

En persan

[12] *Hâshiye bar Haqq al-Haqqâyeq*, in *Haqq al-Haqqâyeq* ou *Shâhnâme-ye Haqiqat*, éd. H. Corbin, Paris/Téhéran : Institut Français d'Iranologie/Maisonneuve, 1966.

[13] *Borhân al-Haqq*, Téhéran : Tahuri, 1963 (1er éd.), 1981 (5e éd.).

[14] *Ma`refat al-Ruh*, Téhéran : Tahuri, 1969 (1er éd.) et Jeyhun, 1992 (3e éd.).

[15] *Âsâr al-Haqq*, Téhéran : Tahuri, 1978 (vol.1) ; Jeyhun, 1991 (vol.2).

En traduction française

[16] *Confidences, prières d'Ostad Elahi*, Paris : Robert Laffont, 1995.

[17] *100 Maximes de Guidance*, Paris : Robert Laffont, 1995.

18446 - février 2011
Achevé d'imprimer par

1livre.com